Ram Charan



# CRESCIMENTO LUCRATIVO

Ram Charan

# CRESCIMENTO LUCRATIVO

**10 ferramentas** práticas para o aumento sustentável dos resultados

hsm

Título original: *Profitable growth is everyone's business: 10 tools you can use monday morning*

Tradução: Edson Furmankiewicz
Edição: Oliva Editorial
Projeto Gráfico e diagramação: Carolina Palharini
Capa: Carolina Palharini



Dados Internacionais de Catalogação na Publicação (CIP)
Angélica Ilacqua CRB-8/7057

Charan, Ram
Crescimento lucrativo : 10 ferramentas práticas para o aumento sustentável dos resultados / Ram Charan; tradução de Edson Furmankiewicz. - 1. ed. – São Paulo : HSM do Brasil, 2014.

ISBN 978-85-67389-16-5
Título original: Profitable growth is everyone's business: 10 tools you can use monday morning

1. Administração 2. Marketing 3. Planejamento estratégico
4. Sucesso nos negócios 5. Liderança I. Título II. Furmankiewicz, Edson

14-0432 CDD 658

Índices para catálogo sistemático:
1. Adiministração

HSM do Brasil
Alameda Mamoré, 989 — 13° andar
Barueri-SP
06.454-040

"Dedicado aos corações e almas de uma unida família de 12 irmãos e primos, que vivem sob o mesmo teto há 50 anos e cujos sacrifícios pessoais tornaram possível minha educação formal."

# prefácio à edição brasileira

Em minhas viagens pelo mundo, que não são poucas, sempre ouço executivos conversando sobre como aumentar a lucratividade, a eficiência, reduzir o *turnover*, atrair novos talentos e gerar valor. Nas aulas e palestras que ministro, vejo motivação nos CEOs, mas vejo também uma certa apatia quando o tema é lucratividade. O que muitos deles não sabem — ou pelo menos não entendem num primeiro momento — é que não há como falar de lucratividade sem crescimento. O crescimento lucrativo é a chave para o sucesso das organizações. É exatamente disso que este livro trata.

Nunca houve tanta necessidade de termos mais líderes que busquem e executem o crescimento lucrativo. A economia mundial não vai bem: economias como Brasil, Índia e China não têm crescimento expressivo. Na Europa, chegou perto do zero, assim como no Japão, apesar de estar um pouco melhor agora. Esse quadro de crescimento baixo exige dos líderes grande habilidade para repensar as necessidades dos clientes, a segmentação de mercado e usar muita criatividade. As empresas com maior chance de crescimento serão aquelas dispostas a assumir riscos, adaptar-se ao comportamento do consumidor e usar a inovação a seu favor.

Não há uma receita pronta para isso, mas há técnicas aqui descritas para a empresa entender a mudança do comportamento do consumidor e agir de maneira que possa reformular ações de marketing, ficar atenta às mudanças de direção dos seus clientes e descobrir nichos de mercado. O desenvolvimento de novos produtos — ou o relançamento de produtos antigos que tiveram certo sucesso no passado — pode ser uma estratégia interessante. Encontrar um nicho e oferecer produtos para aquele nicho é uma maneira simples e eficiente para o crescimento lucrativo.

O principal alicerce para o aumento da receita, como veremos ao longo do livro, é o marketing *upstream*. Trata-se da capacidade de criar ou identificar as necessidades específicas de segmentos de clientes e satisfazê-las de maneira lucrativa e melhor que a concorrência. O marketing *upstream* não apenas ajuda a gerar crescimento lucrativo da receita, ele também é um diferenciador competitivo que agrega valor de longo prazo tanto para o cliente como para a empresa.

Há empresas que já trabalham com foco no crescimento lucrativo da receita. Posso mencionar alguns exemplos, como Apple, Netflix, Google e as chamadas empresas da nova era, que são justamente as mais antenadas às mudanças no comportamento do consumidor. É sempre o cliente que dá o tom, que faz a empresa se adaptar e oferecer os melhores produtos ou serviços. Mudar o rumo dos negócios em favor do crescimento lucrativo é a ação mais inteligente que a empresa pode desenvolver, mesmo as mais antigas. Há maneiras de se reinventar tanto com novos produtos quanto com produtos antigos e observação do movimento dos clientes.

Outra prioridade para os líderes é observar os ciclos de mercado e quais as áreas mais interessantes para os consumidores. Hoje a saúde é nitidamente um setor em crescimento. Além dele, combustível, serviços e educação também são áreas a serem exploradas pelas empresas. Entretenimento, por exemplo, está em expansão há muito tempo e continua a crescer. As pessoas hoje não precisam chegar em casa para assistir seu programa favorito. Elas simplesmente baixam em seus smartphones ou tablets e assistem quando e onde quiserem. Isso acontece com os livros também. Mais uma vez, o mercado funciona em ciclos, e é imperioso que os líderes observem esses ciclos e adaptem seus negócios nesse sentido.

É necessário que as empresas façam reuniões trimestrais para definir o caminho para o crescimento lucrativo. Além disso, é preciso um orçamento específico para isso. A equipe de gerência precisa estar em contato com o consumidor final para entender do que eles precisam. As redes sociais e as novas tecnologias também estão a favor das empresas. O momento para o crescimento lucrativo é já, por isso precisamos observar sempre os bons exemplos, a experiência de empresas vencedoras como as mencionadas no livro.

Quero agradecer ao meu editor no Brasil pela oportunidade de escrever este prefácio para a edição brasileira. O alcance do livro é enorme, os mercados são diferentes e estão sempre em transição, o que é saudável. Crescimento lucrativo, mais uma vez, é a chave para o sucesso das organizações. E este livro, de maneira perene e atemporal, traz informações e técnicas para que os líderes tomem fôlego, arregacem as mangas e coloquem a mão na massa para conseguir lucratividade com crescimento.

Boa leitura!

**Ram Charan**

# sumário

# agradecimentos

**Paul B. Brown** foi um colaborador muito eficiente neste *Crescimento lucrativo*. Além de ser um prazer trabalhar com Paul, a disciplina e a velocidade com que ele trabalha, sua percepção em relação ao leitor e a criatividade que ele trouxe para o projeto agregaram valor significativo, desde o momento em que discutimos a ideia pela primeira vez até a impressão do livro. Sua atitude positiva ao longo de todo o processo e seu contínuo comprometimento para fazer as coisas bem-feitas tornaram essa parceria muito produtiva.

Este livro está longe de ser um exercício teórico. Ele se baseia no que acontece no mundo real. E a única maneira que me possibilitou entender o que realmente acontecia foi fazer que executivos e gestores em todos os níveis das organizações descritas aqui — bem como aqueles apenas mencionados de passagem ou que solicitaram que suas identidades não fossem reveladas — permitissem que eu entrasse e discutisse abertamente os problemas e oportunidades com que se depararam. A todos eles, sou muito grato, mais do que podem imaginar, pelo acesso que me deram e o tempo que me dedicaram.

Meu interesse geral por negócios e, especialmente, pelo crescimento lucrativo, remonta aos negócios de sapatos da minha família na Índia. Esse encanto foi cultivado e desenvolvido durante a época em que trabalhei na Australian Gas and Light e na Honolulu Gas Company e alimentado pelo meu trabalho ao longo dos últimos 40 anos com um número muito grande de clientes. Mas, embora não tenha espaço para listar nomes e afiliações, sou sinceramente grato a todos vocês.

Quero também agradecer aos muitos amigos que dedicaram parte de seu tempo — muitas vezes extremamente exíguo — para ler o que eu tinha escrito e fazer contribuições valiosas.

John Joyce, meu ex-companheiro de quarto na Harvard Business School, tem sido um verdadeiro parceiro, bem como um verdadeiro amigo, nos últimos 40 anos. Ele passou horas incontáveis revisando o conteúdo deste livro e me mantendo na direção certa.

Em Dallas, Cynthia Burr, Heather Liebbe e Carol Davis não apenas coordenaram as centenas de tarefas que precisam ser concluídas para escrever um livro, como também fizeram isso com energia notável, eficiência e bom humor.

Quanto à elaboração do livro em si, as informações de Geri Willigan, que trabalhou comigo nos últimos dez anos em meus livros, foram inestimáveis. Ela participou ativamente da jornada que resultou no *Crescimento lucrativo*. Também quero agradecer especialmente a Larry Yu, e também à editora-assistente da Crown, Shana Drehs. O apoio e a ajuda constantes tornaram este projeto muito mais fácil.

John Mahaney, editor-executivo da Crown Business, foi uma peça fundamental na criação deste livro. Ele entende o que o leitor precisa. Esse profissional profundamente dedicado é o editor dos editores. Ele foi mais do que um parceiro neste projeto; foi também um conselheiro sempre disponível para tornar cada versão deste livro melhor. Ele é o melhor dos melhores.

introdução

# Como tirar melhor proveito daquilo que você já tem

*Crescimento lucrativo* se baseia em experiências de vida. Nos últimos 25 anos, tenho observado diariamente o que acontece nas empresas em todo o mundo — o que funciona e o que não funciona — enquanto de fato está realmente acontecendo.

Minha experiência com muitas dessas empresas é de longo prazo — uma década ou mais, em muitos casos — e as ideias que desenvolvi para resolver o dilema do crescimento têm base na observação pessoal do que funciona em tempo real.

São ideias testadas em vários setores e que efetivamente funcionam. Meu objetivo sempre foi melhorar a prática dos negócios dando às pessoas as ferramentas que elas podem colocar em uso imediatamente. Essas ferramentas podem parecer senso comum, mas muitas vezes o maior desafio no mundo dos negócios é converter ideias em ação. Isso é especialmente verdadeiro quando se trata de obter um crescimento consistente de receitas. O propósito final de *Crescimento lucrativo* é fornecer as ferramentas para as pessoas preocupadas com a perspectiva de produzir crescimento de ponta, sustentável e gerado internamente.* Muitas pessoas acham que sua base de negócios é corroída por fatores, como falta de poder de precificação, excesso de capacidade (muitos fornecedores perseguindo poucos clientes) e competição global. As empresas também estão constatando que cortes de custos e melhorias na produtividade, por si sós, não serão suficientes para gerar o tipo de desempenho que irá satisfazer os acionistas, ou, mais importante, os funcionários cujas perspectivas dependem de o aumento da receita gerar oportunidades futuras de carreira. Com o tempo, a falta de crescimento torna o negócio não competitivo aos olhos dos clientes, uma vez que sem crescimento sustentável de receitas, a capacidade de inovar declina, e a empresa entra em uma espiral de morte.

Muitas pessoas equiparam crescimento com — na linguagem do beisebol — fazer um *home run* (a jogada que vale mais pontos), ou seja, alcançar grandes aumentos de vendas que melhorarão significativamente o tamanho do negócio. O crescimento é muitas vezes pensado apenas em termos de grandes lucros, avanços como a criação de um novo modelo de negócio, o desenvolvimento de um produto inovador, uma megafusão ou uma nova tecnologia que mudará o mundo. Quando se trata de crescimento, os gestores muitas vezes acham que têm de "quebrar o paradigma". Eles dizem coisas como: "Se eu não conseguir um ganho de dois dígitos no próximo ano, o esforço não vale a pena". É tudo ou nada. Como no beisebol, jogadas de um ou dois pontos simplesmente não parecem boas o suficiente, comparadas a um *home run* de quatro pontos.



Ao longo dos últimos anos, conversei com centenas de gestores que acreditam nisso, e todos são frustrados. Eles se esforçam para descobrir grandes ideias, e quase sempre, para estender a metáfora do beisebol, tentam rebater a bola e erram. Ou pior, nem tentam, deixando de financiar novas ideias por causa da percepção de que o risco é muito grande.

À medida que investigava o problema mais a fundo, comecei a perceber que os gestores de muitas empresas não têm uma base eficaz nos tijolos do crescimento nem na união entre eles.

Em muitos casos, esses tijolos — como o desenvolvimento de novos produtos e serviços, uma força de vendas eficaz, entender o que o cliente

* Sempre que uso os termos "receita" ou "aumento de receita", tenho em mente receitas lucrativas ou o crescimento lucrativo de receitas que utiliza o capital de forma eficiente.

valoriza e como segmentar mercados — foram negligenciados e receberam recursos inadequados. Eles, na verdade, sequer estão na tela do radar da alta administração com a mesma prioridade que a redução de custos. Imagine o que aconteceria se fosse dado o mesmo foco às fontes de crescimento de receita do que a atenção que receberam programas como Seis Sigma, compras centralizadas e transferência das instalações de produção para países de baixo custo, a fim de alcançar a paridade global de custos.

Para fazer as pessoas verem os fundamentos e sua importância para alcançar o crescimento sustentável de uma maneira diferente, em reuniões face a face — usando uma escala de um a dez — eu faria perguntas como:

» O que você faz para ajudar seus clientes a prosperar?
» Qual é a qualidade da sua equipe de vendas para dar forma e personalizar uma proposta de valor única para os clientes?
» Como sua estratégia de preços está efetivamente vinculada aos atributos que o cliente mais valoriza?
» Em cada interação com o cliente, como seus representantes de vendas extraem informações sobre as necessidades dos clientes? Eles transmitem as informações para as pessoas que podem agir sobre elas, os departamentos que podem desenvolver produtos e serviços a fim de satisfazer essas necessidades?

Quase sempre, quando faço essas perguntas, a resposta está na parte mais baixa da escala — entre dois e quatro. Então a lâmpada acende, e o que as pessoas começam a perceber é que "encontramos o inimigo e ele está dentro de nós", que a resposta ao crescimento não é uma "bala de prata", mas está dentro do negócio. *Eles começam a entender que não percebem o óbvio.* Há um suspiro profundo de alívio quando percebem que o aumento de receita está ao seu alcance. Em outras palavras, o que falta é atenção ao modo como os fundamentos do negócio precisam estar interconectados para fazer o crescimento acontecer. Aqui forneceremos esse elo perdido. Este não é um livro a respeito da maneira como mudar sua estratégia ou alterar seu modelo de negócio, mas como você pode acelerar o aumento da receita do seu negócio atual.

Muitas vezes isso vem como uma revelação, para muitas das pessoas com quem trabalho, de que o aumento de receita não se restringe simplesmente ao domínio dos especialistas — da equipe de vendas ou dos responsáveis pelo desenvolvimento de produtos, por exemplo. O crescimento interessa a todos. Assim como no beisebol, em que todos no time têm a capacidade potencial de marcar um ou dois pontos numa jogada, nos negócios, todo o mundo — e isso pode abranger o CEO, o pessoal de marketing e vendas na linha de frente, o pessoal operacional na retaguarda — tem a oportunidade de contribuir para aumentar as receitas. E, de fato, as pessoas que não ocupam o escalão executivo têm um grande interesse pessoal em que isso aconteça. Sem crescimento, as oportunidades pessoais são um jogo de soma zero, isto é, para que eu vença, alguém na empresa (geralmente) tem de perder. Com o crescimento, a organização se expande, e as pessoas podem construir uma carreira e um futuro na empresa em que elas acreditam.

Nas próximas páginas, mostrarei que você pode seguir um processo de crescimento mais eficaz com base em uma abordagem de pequenos aprimoramentos incrementais (como nas jogadas de um ou dois pontos do beisebol), que cumulativamente permitirão, ao longo do tempo, aumentar substancialmente as receitas.

Abordagens de "um ou dois pontos" baseiam-se em melhorias ou extensões naturais da estratégia, do modelo de negócio ou da tecnologia de uma empresa. Elas podem vir de vitórias diárias relativamente pequenas, bem como da adaptação a grandes mudanças no mercado. Vou contextualizar essa ideia e fornecer ferramentas que você pode empregar para aumentar as receitas e crescer mais rapidamente do que a economia como um todo, independentemente do tipo do seu negócio. Há empresas cuja estratégia enfrentou uma encruzilhada. Sun e Motorola são dois exemplos. E há setores, como a indústria da música, em que o modelo de negócio acabou ficando obsoleto. Mesmo nesses casos, uma abordagem de pequenos aprimoramentos incrementais fornece a base para fazer as mudanças necessárias.

Este livro trata essencialmente de como fazer essas mudanças. O Capítulo 2 discute como mudar a perspectiva de só querer fazer *home runs* (as grandes conquistas) para mostrar como definir metas realistas que você pode alcançar por meio de uma abordagem de "um ou dois pontos" (os pequenos aprimoramentos incrementais) e tornar o aumento de receita um assunto que interessa a todos. O Capítulo 3 mostra como distinguir bom crescimento — orgânico, lucrativo, diferenciado, sustentável — de mau crescimento.

O Capítulo 4 examina como combater os mitos e as crenças que inibem o crescimento das organizações.

Os Capítulos 6 a 10 mergulham nas ferramentas específicas de crescimento. Tomadas em conjunto e bem-executadas diariamente, elas são um força propulsora para acelerar o aumento da receita. Especificamente, a *produtividade da receita* mostra como liberar a criatividade e ampliar a receita sem aumentar a quantidade de recursos investida. O orçamento para o crescimento traz disciplina para a gestão e a criação do aumento da receita e sua articulação com o orçamento comprometido e com as realocações de prioridades de curto e longo prazo. Marketing *upstream* identifica as necessidades específicas de segmentos selecionados de clientes e como satisfazê-las de forma lucrativa e melhor que a concorrência. *Venda cruzada* mostra como apresentar aos clientes uma razão convincente para comprar produtos e serviços adicionais (e então implementar essa proposta de valor de uma maneira melhor que a concorrência). O mecanismo social é a ferramenta para entrosar o pessoal dos diferentes departamentos do negócio (marketing, vendas, desenvolvimento de produtos, finanças etc.) de modo que todos estejam no mesmo caminho para alcançar o aumento da receita. *Convertendo inovação em crescimento de receita* incorpora as ideias desenvolvidas sobre o mecanismo social para mostrar como selecionar, promover e implementar as ideias que resultarão no aumento da receita no curto, médio e longo prazo.

Chegou a hora de fornecer uma abordagem comum, que capacite as pessoas dentro de uma empresa a aumentar a receita de maneira rotineira. Abordagens baseadas na produtividade de custo, como Seis Sigma, são programas formais que requerem certificação. Embora não esteja propondo nada tão rígido para o aumento da receita, aquilo em que acredito e que fará a diferença é uma linguagem e um programa comuns que tornarão o crescimento algo do interesse de todos. É exatamente isso o que você encontrará nas próximas páginas, destilado a partir de minhas interações diárias com empresas em todo o mundo.

Crescimento é a essência da vida humana. Espero que este livro sirva a dois propósitos relacionados. Um é ajudar as empresas a prosperar, o outro é ajudar as pessoas a crescer pessoalmente. Se as empresas alcançarem um crescimento lucrativo e orgânico, o efeito disso será poderoso, sem afetar o restante, como níveis de empregabilidade e oportunidades de os indivíduos construírem e expandirem sua capacidade pessoal.

Deixe-me dizer o que aprendi.

# 1

# O desafio do crescimento lucrativo de receitas

**Crescimento** é um objetivo nebuloso na agenda de qualquer pessoa.

Há três razões para o crescimento ser comprovadamente difícil de alcançar.

Primeiro, o equilíbrio foi excessivamente direcionado à redução de custos, em detrimento do aumento da receita. Mais pensamento e tempo têm sido dedicados a ferramentas como Seis Sigma* e ações como reestruturações, aquisições e busca de oportunidades para se consolidar em um setor que passa por turbulências do que ao aumento da receita.

Segundo, quando a maioria dos gestores pensa em crescimento, eles raciocinam em termos de grandes jogadas — tecnologias inovadoras, modelos revolucionários de negócios, megafusões — em vez de jogadas de "um ou dois pontos" que, quando executadas em um ritmo constante, podem cumulativamente aumentar a receita substancialmente.

Terceiro, melhorar a produtividade e aumentar a receita são vistos como duas questões separadas quando, na verdade, são inseparáveis para o sucesso

* Seis Sigma é uma ferramenta de gerenciamento bastante usada por empresas que desejam melhorar a competitividade por meio do aprimoramento dos processos, buscando mais produtividade, rentabilidade e eliminação de desperdícios e erros.

de longo prazo. Se os gestores só se concentrarem em aumentar a produtividade, eles só desempenharão metade de suas funções.

Melhorar a produtividade significa que uma empresa encontra uma maneira melhor de fazer algo que resulta no aprimoramento da sua posição competitiva ou na criação de novas oportunidades e, *ao mesmo tempo, gerar fundos que podem alimentar seu crescimento.* Em contraste, cortes de custo esporádicos e profundos — *downsizing,* fechamento de fábricas, cortes orçamentários em todos os níveis — são reduções únicas (muitas vezes sem atenção para as consequências do aumento da receita), que não significam fazer as coisas de uma maneira melhor. Campanhas de corte de custos são principalmente o resultado da falta de disciplina para melhorar consistentemente a produtividade em longo prazo. Quando os funcionários passam por essas campanhas de corte de custos todos os anos e, às vezes duas ou três vezes por ano, e as receitas se mantêm niveladas ou em queda, eles sabem que estão em um negócio que não vai a lugar algum. Torna-se uma questão de sobrevivência pessoal e drena sua energia emocional.

É exatamente assim que Bill Carter se sentiu. Ele podia sentir o estômago queimando. A razão era simples: a coisa estava prestes a acontecer novamente.

Nove meses antes, Carter, gerente de uma loja da cadeia Furniture Globe, achava que ele tinha o melhor emprego do mundo. Como a pessoa responsável pelo "lugar onde é possível encontrar todos os tipos de móveis para o lar", há doze anos ele supervisionava o que pensava ser "sua loja" no subúrbio de Miami. Ele conseguiu aumentar constantemente as vendas e os ganhos, ano após ano. E sempre estava entre os dez melhores quando a rede varejista com 217 lojas avaliava o desempenho de cada um dos seus gerentes.

Mas o que Carter realmente adorava era a alegria que sentia em fazer os negócios prosperarem. Sempre que os amigos perguntavam por que ele recusava melhores oportunidades de emprego em redes varejistas mais importantes, ele citava a emoção de ser capaz de tomar decisões em um negócio em crescimento. Por exemplo, ele tinha liberdade de ação e critérios amplos para prospectar mercadorias que correspondiam às necessidades demográficas exclusivas do seu mercado: hispânicos bem de vida. Essa liberdade de ação levou sua criatividade a níveis cada vez mais altos à medida que se esforçava para aumentar a receita e ser o maior e o melhor varejista na comunidade. Não apenas as receitas aumentavam, mas Carter também passava por um crescimento pessoal.

Carter nunca havia pensado em sair da Furniture Globe. E então tudo mudou. A Furniture Globe foi adquirida a um preço exorbitante por um conglomerado de empresas da Fortune 100. Por algumas semanas, houve a impressão de que nada importante mudaria, até que a reestruturação começou.

Para ajudar a pagar a aquisição, a nova empresa controladora anunciou um corte obrigatório de 8% no número de funcionários. Isso significava que Carter teria de cortar dez pessoas de sua equipe. Ele sabia que isso não apenas afetaria o crescimento das vendas — haveria menos funcionários para atender os clientes —, mas que seria o primeiro tiro para destruir o *espírito de equipe* da loja (e foi o que ocorreu).

Em seguida, outro problema. O conglomerado anunciou que centralizaria todas as decisões sobre compras de produtos, publicidade, mix/quantidade de unidades em estoque e quando elas seriam entregues às lojas individuais. Carter percebeu que a empresa agora priorizava a redução de custos e a geração de caixa, em vez de buscar crescimento lucrativo da receita. Ele entendeu que rapidamente seu mecanismo de crescimento de vendas ficaria sem combustível.

E ele estava certo. Não muito tempo depois, tanto o crescimento das vendas como a badalação sobre a loja começaram a declinar. Mais clientes saíam sem comprar nada. O número de pessoas que visitavam a loja também caiu vertiginosamente. Os clientes começaram a reclamar que a seleção de produtos era bem menor e não correspondia aos gostos da base de clientes hispânicos da loja.

O problema se tornou mais evidente quando ele viu um casal que parecia ter saído da passarela. Eles tinham quase quarenta anos e, mesmo vestindo roupas casuais — ela, jeans da moda; ele, terno de nylon amarrotado —, Carter percebeu que eram abastados.

O casal olhava seriamente para o cartaz que mostrava os móveis que a loja vendia. Procuravam alguém para ajudá-los, quando Carter os viu. Eles não conseguiam encontrar ninguém, e Carter sabia por quê. A decisão de cortar pessoal mostrava suas garras quando ele viu o casal sair da loja.

Essa experiência parece familiar mesmo se você nunca passou por uma aquisição ou fusão? A vivência de Bill Carter na Furniture Globe mostra as consequências, pessoais e para o negócio, de fazer parte de uma empresa que está crescendo ou de uma que não está. Ela também mostra que precisamos pensar de forma diferente quando se trata de descobrir maneiras de crescer.

Crescimento lucrativo e sustentável de receita resulta de uma mentalidade que difere significativamente de uma exigida para cortar custos ou aumentar a produtividade. Os dois últimos são determinísticos e internamente orientados, enquanto o crescimento exige criatividade e capacidade de analisar um negócio de fora para dentro.

O crescimento é um ato criativo, mas também é um processo social disciplinado que vincula as partes móveis de uma organização para alcançar um aumento consistente da receita. Ele tem dez ferramentas básicas que você pode começar a usar na próxima manhã de trabalho. Eis uma visão geral.

## As dez ferramentas para viabilizar o crescimento lucrativo da receita

1| **O aumento da receita é de interesse de todos, assim torne-o parte da rotina de trabalho de todas as pessoas.** Todos os funcionários querem fazer parte da agenda de crescimento da empresa, mas a maioria não sabe como. Os gestores precisam fornecer informações e ferramentas, primeiro tornando o aumento da receita uma parte inerente das conversas, reuniões e apresentações diárias. Assim como todos participam dos cortes de custos, todos também devem se envolver na agenda de crescimento da empresa.

Cada contato que um funcionário faz com um cliente é uma oportunidade para incrementar o aumento da receita: os atendentes do call center podem fornecer informações valiosas sobre as necessidades não satisfeitas dos clientes. O técnico que conserta eletrodomésticos pode descobrir alguns padrões e o *timing* da demanda pela substituição de eletrodomésticos. Os vendedores podem extrair inteligência de mercado e garantir que ela seja comunicada aos departamentos de desenvolvimento de produtos, operações e serviços. O pessoal de logística, por meio de entregas sob demanda, pode ajudar as lojas a evitar a falta de produtos no estoque, aumentando assim a satisfação do cliente, um ponto importante para o futuro crescimento.

Os frutos desses esforços para implementar o aumento da receita energizam as pessoas e melhoram sua autoconfiança. O crescimento mobiliza toda sua energia latente para gerar ideias que podem levar a organização a níveis mais altos de crescimento. O crescimento interessa realmente a todos, não é uma preocupação exclusiva da gerência. Cada funcionário em cada nível da organização pode fazer algo para um cliente.

2| **Garanta-se com jogadas de um ou dois pontos, não apenas com *home runs*.** Embora *home runs* forneçam a oportunidade para um aumento quantitativo na trajetória do crescimento, eles são imprevisíveis e não acontecem o tempo todo. Jogadas de um ou dois pontos, porém, podem acontecer todos os dias do ano, são o resultado de uma melhoria determinada e constante nas atividades e nos processos sociais de uma empresa e formam os motores do crescimento lucrativo da receita.

Aumentar a receita um ponto por vez, gradualmente, cria uma mentalidade de crescimento por toda a empresa, de modo que quando chegar a oportunidade para as grandes jogadas, você estará mais bem-preparado para tirar proveito dela.

Por exemplo, os esforços da Dell, a partir de 1993, para melhorar o giro de estoque, a fim de usar menos dinheiro e reduzir preços e obsolescência dos produtos, começou como uma estratégia de melhorias graduais. O objetivo inicial da empresa era aumentar o giro de estoque, que em média era de seis por ano, para dez. Nos últimos dez anos, a Dell melhorou continuamente a totalidade da sua cadeia de suprimentos e alcançou um giro de estoque de cem vezes por ano ou de pelo menos uma vez a cada quatro dias. O resultado obtido foi o maior aumento da receita, o que se tornou uma arma competitiva letal contra todos os fabricantes de PC. Além disso, essa cadeia de suprimentos permite que a Dell acelere o crescimento entrando em novas oportunidades de mercado como impressoras, servidores e mídias de armazenamento.

3| **Busque o bom crescimento e evite o mau crescimento.** Uma estrutura para distinguir o bom do mau crescimento é um elemento crucial para gerar crescimento de receita. O bom crescimento não apenas aumenta a receita, como também melhora os lucros, é sustentável ao longo do tempo e não usa níveis inaceitáveis de capital. Ele também é principalmente orgânico (gerado internamente) e baseado em produtos e serviços diferenciados que atendem necessidades novas ou ainda não atendidas, agregando valor para os clientes.

A capacidade de gerar crescimento interno separa os líderes que constroem seus negócios sobre uma base sólida, de crescimento lucrativo de longo prazo, daqueles que, por meio de aquisições e engenharia financeira, procuram desvairadamente aumentar a receita, mas estabelecem esse crescimento sobre bases frágeis que, com o tempo, desmoronam. Muitas aquisições resultam em uma única melhoria: a eliminação dos custos duplicados das empresas que se fundem. Mas poucas apresentam uma melhoria significativa na taxa de aumento da receita.

4| **Deixe de lado os mitos que evitam que as pessoas e as organizações cresçam.** Uma parte importante do papel de qualquer líder é enfrentar de maneira realista desculpas, como: "estamos em um setor com crescimento reduzido, e ninguém está crescendo"; "os clientes compram apenas com base no preço"; "os distribuidores estão em contato direto com os varejistas, e não há muito o que eu possa fazer". Todo o líder precisa de uma agenda de crescimento e da capacidade de comunicar sobre a necessidade urgente de aumentar a receita e construir o negócio de tal modo que pessoas orientadas a ações na organização descubram o que precisa ser feito *hoje.*

5| **Vire a ideia de produtividade de cabeça para baixo aumentando a produtividade da receita.** O velho ditado diz que é preciso fazer mais com menos. O problema, porém, é que o foco geralmente está no "menos", e o "mais" raramente acontece. A produtividade da receita é uma ferramenta para conseguir aquele nebuloso "algo a mais", pesquisando ativa e criativamente ideias para o aumento da receita sem o uso de uma quantidade desproporcional de recursos. Ela mostra como investir seu nível atual de recursos de uma forma que leve a mais vendas, analisando tudo o que uma empresa faz, do aparentemente mundano ao vitalmente importante.

6| **Desenvolva e implemente um orçamento para o crescimento.** Todas as empresas têm um orçamento, mas é surpreendente que ele contenha tão poucos detalhes sobre receitas e fontes de aumento da receita. Quase todas as linhas no orçamento estão relacionadas aos custos. Poucas delas, se é que há alguma, identificam os recursos destinados explicitamente ao crescimento. O orçamento para o crescimento fornece uma base que permitirá à empresa aumentar a receita, em vez de apenas falar sobre isso. Ele inclui todas as ações cruciais a curto, médio e longo prazo que exigem recursos para alcançar as metas de aumento da receita. E há um acompanhamento que inclui recompensas para o sucesso e sanções para o mau desempenho.

7| **Reforce o marketing *upstream*.** Um dos elos fundamentais para gerar aumento da receita que falta na maioria das empresas é o marketing *upstream*. O que a maioria das pessoas visualiza como marketing envolve publicidade, promoção, construção de marca e comunicação com os clientes por meio de relações públicas, feiras de negócios e displays nas lojas. Essas atividades, obviamente muito importantes, no entanto são, por natureza, principalmente *downstream* — isto é, melhoram a aceitação de um produto ou serviço que já existe. O marketing *upstream*, por sua vez, ocorre em um estágio muito anterior, desenvolvendo um mapa claro de segmentação do mercado e então identificando e definindo com precisão quais segmentos de cliente focalizar. Ele analisa como o usuário final utiliza o produto ou serviço e qual vantagem competitiva será necessária para conquistar o cliente e com quais preços médios.

8| **Entenda como utilizar eficazmente vendas cruzadas (ou vendas de valor/soluções).** A venda cruzada pode ser uma fonte significativa de aumento da receita, mas a maioria das empresas simplesmente aborda isso da perspectiva *errada*. Elas começam dizendo: "O que mais podemos vender para nossa base de clientes existente?". Mas, em vez de analisar a organização de dentro para fora, você precisa analisá-la de fora para dentro. O sucesso das vendas cruzadas começa selecionando um segmento de clientes e então trabalhando de trás para frente, a fim de definir precisamente o mix de produtos e serviços de que eles precisam e moldar criativamente uma proposta de valor único para eles. Vendas cruzadas eficazes garantem que a proposta seja apresentada aos tomadores de decisão certos no idioma do cliente e explicitam os benefícios financeiros, físicos e de pós-compra da oferta.

9| **Crie um mecanismo social para acelerar o aumento da receita.** Cada organização é um sistema social, com uma maneira de pensar e agir que define tanto as ações diárias como a agenda de longo prazo. Quando uma organização tem uma agenda explícita de crescimento compreendida por todos, o crescimento se torna o foco central — um mecanismo social — durante as reuniões, bem como nas discussões informais, estabelecendo um mecanismo social. O mecanismo social é então alimentado por ideias de crescimento à medida que uma iniciativa de crescimento se constrói sobre outra. Então, pessoas dos diversos níveis veem o crescimento como um trabalho de todos. O mecanismo social e as ferramentas associadas fornecem o instrumento para tornar o aumento da receita uma realidade, desenvolvendo um foco totalmente nítido, alinhando prioridades individuais e *fazendo as trocas certas.*

10| **Operacionalize inovações convertendo ideias em aumento da receita.** Inovações não são propriedade privada de gênios solitários trabalhando fora da linha principal do negócio. Em qualquer empresa de tamanho razoável, inovações são um processo social que requer colaboração e comunicação para a geração de ideias, e que seleciona as ideias para o aumento da receita, que devem ser financiadas, transformando-as em protótipos de produtos e lançando-os no mercado.



As ferramentas que foram descritas são a base do seu programa de crescimento futuro das receitas. Mas lembre-se do que dissemos antes: o aumento da receita e o aprimoramento da produtividade não são objetivos conflitantes. Para manter o mecanismo de aumento da receita em funcionamento, você deve ter um programa rotineiro e disciplinado de aprimoramento da produtividade de custos. Isso não é apenas imperativo para obter vantagem competitiva, como também fornece subsídios para o crescimento futuro.

O próximo capítulo apresenta uma das ideias centrais do livro, a obrigação de criar estratégias de aprimoramentos incrementais como a principal base do crescimento futuro das receitas. Utilizaremos vários exemplos, começando com um grande protagonista na indústria, que, por visar somente a maximização dos lucros, sentiu-se frustrado ao longo de um período de três anos, porque não conseguiu cumprir suas metas de aumento da receita. Quando ele adotou a estratégia de aprimoramentos incrementais, muita energia fluiu pela organização, e as vendas dispararam.

# 2

# Reoriente sua visão de crescimento: implemente pequenos aprimoramentos incrementais, não apenas as grandes conquistas

**Você está bem-orientado para encontrar oportunidades de crescimento diariamente?** Na maioria das empresas, as pessoas não estão. A primeira coisa é mudar sua mentalidade. Em vez de pensar o crescimento em termos de encontrar uma ideia brilhante, você precisa ver valor nas "jogadas mais simples", projetos e propostas de pequeno crescimento, que podem ter um impacto enorme, cumulativamente. Segundo, é preciso entender que há "bom crescimento" e "mau crescimento". E, por fim, é preciso enfrentar o inimigo dentro da organização, pessoas e mentalidades que dizem que "crescimento não é possível para nós".

Vamos conhecer uma empresa que mudou sua mentalidade para encontrar crescimento fazendo do aumento das receitas parte do DNA corporativo, dentro da rotina diária.

A Avery Dennison é uma das muitas empresas que gerou aumento de receita por meio da produtividade de custos e aquisições agressivas. Mas, à medida que o século 21 se aproximava, o presidente e CEO Philip M. Neal começou a ver o imperativo do crescimento das receitas e a fazer do crescimento um interesse de todos. Mas a jornada para o crescimento lucrativo das receitas estava repleta de vários falsos inícios.

Algumas informações são animadoras. O lucro das vendas anuais da empresa sediada em Pasadena, Califórnia — com US$ 4,2 bilhões em vendas anuais e líder global na tecnologia sensível ao toque e autoadesivos utilizados para rotular materiais e produtos de consumo — aumentou consistentemente ao longo da década de 1990 como resultado direto do corte de custos à frente da concorrência. A lucratividade era excelente, e o preço das ações da empresa subiu correspondentemente.

Mas Phil Neal percebeu que melhorias na produtividade de custos por si sós não seriam suficientes para manter ou melhorar o preço das ações da Avery Dennison. Sem crescimento consistente da receita líquida, uma empresa acaba ficando sem oportunidades para se tornar substancialmente mais eficiente. Igualmente ruim, as melhores pessoas da empresa começam a sair, porque entenderam que uma empresa que não cresce oferece menos oportunidades de carreira.

Procurando agir rapidamente para evitar todos esses problemas, Neal começou a pressionar cada um dos cinco gerentes de divisão para alcançar um aumento da receita líquida. Ele pediu o comprometimento de todos com metas de crescimento mutuamente acordadas — e foi atendido.

Seu foco eram as grandes jogadas, isto é, os produtos revolucionários que contribuiriam com *no mínimo* US$ 50 milhões para o aumento da receita líquida de maneira relativamente rápida. Em uma empresa de US$ 4,2 bilhões, buscar projetos com pelo menos esse porte parecia razoável. Na verdade, o pensamento era de que, se o objetivo não fosse o de buscar projetos de crescimento desse porte, não valeria a pena o tempo ou esforço despendidos.

Ao estabelecer metas extremamente ambiciosas, a prática na Avery Dennison — como é na maioria das empresas — era pegar os resultados das receitas do ano recém-concluído, adicionar um percentual e anunciar o novo objetivo de vendas. ("Vamos ver, a empresa faturou US$ 500 milhões no ano passado. Queremos um crescimento de 10%, o que significa US$ 550 milhões para o próximo ano"). As ideias específicas que poderiam gerar crescimento, como a maneira de ele ser financiado, quem seria responsável pelas iniciativas de crescimento e como o progresso ao longo do caminho seria avaliado, eram deixadas a cargo dos gerentes de cada unidade de negócio, para que as descobrissem por conta própria.

Mais uma vez, nesse sentido a Avery Dennison era como a maioria das empresas e, naquele momento, isso tudo não era importante. Esse grau de precisão não havia sido exigido no passado. Neal, trabalhando com a alta gerência, sempre estabelecia metas de crescimento, e os gerentes então se esforçavam para atingi-las ou chegar perto delas.

Mas, ao longo dos últimos três anos, essas metas não estavam sendo alcançadas, embora o entusiasmo por crescimento fosse sólido. A Avery Dennison tinha um plano estratégico típico de três anos, que prometia um crescimento de dois dígitos com base em projetos inovadores não especificados. Mas, embora os gerentes de unidades de negócios estivessem cumprindo os objetivos finais, eles não conseguiam alcançar o que era necessário para o crescimento forte de receitas. Esses projetos inovadores não especificados de US$ 50 milhões (no mínimo) não estavam acontecendo.

Neal intensificou sua técnica de persuasão. Nada aconteceu. Pediu e recebeu mais relatórios sobre o status dos projetos de crescimento. Ele fazia questão de falar sobre crescimento sempre que visitava cada divisão da organização. E nada mudava, exceto seu nível de frustração, que continuava a subir.

Pior ainda, Neal, um MBA de Stanford e ex-consultor da McKinsey, não conseguia entender por que o crescimento não estava acontecendo. Não havia um fator refreando as vendas de produtos da empresa. Obviamente, a estagnação da economia tinha algo a ver com isso, bem como o acirramento da concorrência. Mas a Avery Dennison já havia lidado com o sucesso da concorrência e o comportamento cíclico da economia.

Phil Neal contratou consultores de renome, que tentaram fazer que os funcionários pensassem de forma heterodoxa para criar novos modelos de negócios e para ensinar-lhes novas tecnologias revolucionárias que resultassem em produtos inovadores. Mesmo assim, nada acontecia. E o CEO se sentia cada vez mais frustrado, até finalmente descobrir quais eram os problemas.

Primeiro, Neal começou a perceber que ele não tinha posto em prática um sistema ou os processos que os gerentes e funcionários pudessem seguir para garantir que o aumento de receita acontecesse.

"Eles nunca receberam um processo ou uma estrutura que pudesse ser usada à medida que tentávamos crescer", diz Neal. "Assim, eu não deveria ter ficado surpreso com fato de que eles não sabiam exatamente o que precisava ser feito".

O segundo problema era o foco que Neal e sua equipe de executivos haviam colocado nas grandes jogadas, isto é, as grandes inovações direcionadas para trazer aqueles US$ 50 milhões extras (no mínimo) para a corporação. Como Neal coloca, "elaboramos várias iniciativas, desperdiçamos muito dinheiro e perdemos tempo tentando alcançar a grande jogada".

Confrontado com evidências claras de que a abordagem tradicional não estava funcionando, Neal fez a Avery Dennison dar uma guinada de 180 graus. Ele decidiu que as coisas precisavam ser feitas de forma diferente. Seu primeiro passo? Estipular processos que criassem jogadas mais simples, isto é, pequenos aprimoramentos incrementais, entendendo que essa era a melhor maneira de ganhar força para gerar crescimento consistentemente.



## Jogadas de um e dois pontos

No beisebol, o *home run*, especialmente nas situações cruciais de uma partida decisiva, é eletrizante e emocionante. Nos negócios, a grande ideia ousada, a tecnologia inovadora, o novo produto que revolucionará o mercado, o novo modelo de negócios que mudará o jogo, a última novidade, são igualmente emocionantes. Mas há um problema: *home runs* não acontecem todo o dia, às vezes nem mesmo em toda a *década*. E costumam ocorrer em ciclos. Em uma empresa como a DuPont, desenvolver inovações como o Kevlar ou o Teflon pode ser um fenômeno que só acontece uma vez a cada década. Na indústria farmacêutica, por mais que os processos de descoberta e desenvolvimento de medicamentos sejam disciplinados, rigorosos e consistentes, produtos de sucesso não surgem todos os dias nem mesmo todos os anos. Independentemente do tamanho e da escala, as grandes empresas farmacêuticas passam por ciclos de vacas gordas e magras.

Um caminho mais seguro e mais consistente — que não exclui *home runs* — é o que eu chamo de *singles and doubles* (jogadas de um e dois pontos no beisebol, em oposição aos *home runs* de quatro pontos), isto é, um crescimento baseado em aprimoramentos ou extensões naturais da estratégia, do modelo de negócio, das necessidades dos clientes ou da tecnologia de uma empresa. Essas jogadas podem vir da adaptação a grandes mudanças no mercado, bem como de vitórias diárias relativamente pequenas. Esta última estratégia será ilustrada pelo "programa de cem dias" na Avery Dennison, que será discutido a seguir, e a primeira por meio de exemplos que virão mais adiante neste capítulo, como o reposicionamento do negócio de luvas cirúrgicas da Cardinal Health.

Essas jogadas mais simples são resultado de aprofundadas, disciplinadas, criativas e inovadoras análises de *todos* os princípios fundamentais de uma empresa, incluindo novas formas de identificar as necessidades não atendidas ou parcialmente atendidas dos clientes e satisfazê-las por meio de um alinhamento interno aprimorado da empresa. (Isso é algo que explicaremos em detalhes no Capítulo 9.)

Jogadas mais simples *não* vêm de uma imagem no espelho retrovisor, extrapolando o que foi feito no passado. Pelo contrário, são resultado da análise do negócio de fora para dentro, a partir das necessidades do cliente e de volta para a empresa. O impacto das jogadas mais simples pode ser enorme. Na verdade, formam a *base* para a maximização dos lucros — fornecem a disciplina da execução, absolutamente necessária para colocar uma tecnologia inovadora no mercado ou implementar um novo modelo de negócios de forma bem-sucedida.



## Avery Dennison

Phil Neal abraçou o conceito das jogadas mais simples e colocou em andamento um processo para transformar a ideia em ação. Ele criou uma série de equipes-piloto em várias divisões, cada uma composta por pessoas de todos os departamentos dentro da divisão. Ele cobrou que cada equipe apresentasse um pequeno projeto funcional de aumento de receita no período de cem dias. O tamanho não importava. Inicialmente, alguns dos projetos só gerariam US$ 250 mil em receitas adicionais. Mas o que era obrigatório era que cada equipe tivesse pelo menos um pedido de venda, um compromisso de compra por parte de um cliente, dentro de não mais que três meses.

O prazo de cem dias é vital porque força todos a enfrentar imediatamente os problemas que podem atrapalhar o sucesso da equipe. Também obriga os funcionários a derrubar as paredes que separam os departamentos. Na verdade, como aponta Tom Van Dessel, gerente para crescimento estratégico da Avery Dennison, uma das primeiras coisas que as divisões da empresa fazem, quando confrontada com a necessidade de produzir um projeto de crescimento rapidamente, é criar uma equipe com todos os possíveis departamentos afetados: tecnologia, serviços, operações, marketing etc. E sempre que possível, a Avery Dennison tenta incluir um potencial cliente na equipe para que a empresa possa garantir que ela esteja focada nas necessidades do mercado.

"Dizemos para o líder da equipe: eis os recursos — as pessoas designadas — e você tem um prazo final. Agora, vá em frente", Van Dessel explica. "Cabe à equipe estabelecer *como fazer isso.*"

Quando você tem menos de quatro meses para apresentar um novo projeto de crescimento, você não pode esperar duas semanas para que alguém no marketing retorne com os resultados preliminares, digamos, de um grupo de discussão. E você não perde tempo se certificando de que o protótipo é perfeito. Você faz o melhor que puder no tempo disponível — se isso for 70% do produto final, será 70% — e usa o que tem (um protótipo muito rudimentar), testa-o com os clientes para ver do que eles gostam e do que não gostam e faz as modificações condizentes. Há uma força psicológica enorme ao impor um prazo final real.

Na planta de Ohio, um vendedor foi encarregado do projeto cem dias. Em muitos casos, isso faz sentido. Bons vendedores sabem não apenas o que acontece com os clientes — algo que discutiremos mais adiante no capítulo —, mas também quem na própria empresa pode ajudar a satisfazer as necessidades deles.

Isso certamente funcionou em Ohio. O projeto foi concebido para resolver um problema para a Procter & Gamble, que queria anexar uma amostra de um novo produto a um dos seus produtos mais vendidos. A ideia da P&G era de que se você gostasse do primeiro produto, também adoraria o segundo, depois de testá-lo. O problema? Os adesivos eram fortes o suficiente para manter a amostra no lugar durante o transporte, mas quase impossíveis de remover sem danificar o produto ou a amostra. A alternativa existente — atar o produto e a amostra com uma fita — não era atraente do ponto de vista do merchandising.

Dentro do prazo de cem dias, a planta em Ohio da Avery Dennison desenvolveu uma cola que mantinha a amostra no lugar e era fácil de remover. Além de gerar receitas de US$ 250 mil isso também deu à Avery Dennison um novo produto que poderia ser vendido no mundo todo.

Histórias de sucesso como o projeto piloto de Ohio não só quebraram as barreiras entre os departamentos da Avery Dennison, como também mostraram a outras áreas da empresa que era possível gerar crescimento quase imediatamente. As vitórias foram celebradas e mantidas como exemplos para toda a empresa, o que, não surpreendentemente, fez um grande número de funcionários da Avery Dennison se candidatar para participar do próximo projeto de crescimento.

"Este é o ponto-chave", explica Neal. "Quando algumas pessoas ouvem que um projeto só gera US$ 250 mil em vendas, elas são tentadas a dizer, 'por que se preocupar?', e há várias respostas a isso. Primeiro, são outros US$ 250 mil em receitas que estamos adicionando em um momento em que as vendas da concorrência estão paradas. Segundo, esse projeto é incorporado à nossa base. Não é um projeto de uma única vez, mas US$ 250 mil extras a cada ano. Terceiro, invariavelmente esses projetos funcionam em outro lugar. No caso do adesivo, poderia haver 20 outros clientes que poderiam comprá-lo, portanto agora falamos não de US$ 250 mil anualmente, mas de outros US$ 5 milhões por ano. E, por fim, não criamos um projeto de crescimento em um momento, mas em muitos, e cada um deles também tem a mesma oportunidade de se expandir."

Em outras palavras, os ganhos se acumulam, crescendo uns sobre os outros. Neal agora prevê facilmente um momento em que novos projetos simples de crescimento aumentarão as vendas da Avery Dennison em 1% a 2% ao ano, um aumento significativo quando somado com a taxa anterior de um dígito de crescimento das receitas.

O interessante dessa abordagem, da perspectiva de um gestor como Van Dessel, é que os projetos de crescimento não são trabalho adicional. Eles substituem uma parte menos produtiva do trabalho. "Quando você assume um projeto de crescimento, ele o força a priorizar o que precisa ser feito", diz ele. "O projeto de crescimento vai para o topo da lista e tudo mais para baixo dela. O que está na parte inferior, algo que não agrega muito valor, é descartado".

A história da Avery Dennison é relevante em vários níveis. Primeiro, um potencial aumento de US$ 5 milhões na base de receitas correntes da planta de Ohio é muito significativo. Segundo, a estratégia de usar jogadas mais simples fez com que as equipes se concentrassem nas necessidades dos clientes. Isso ajudou a realinhar suas prioridades, forçando-os a mudá-las para atender a essas necessidades. A estratégia de usar jogadas mais simples torna realidade a chamada "organização horizontal", isto é, a organização centrada no cliente. Terceiro, enquanto os projetos-piloto focalizam o aumento de receita de curto prazo, Neal também instaurou processos separados para projetos de crescimento de médio (um a três anos) e longo prazos (três a cinco anos).

A frustração de Phil Neal começou a diminuir quando ele sentiu a boa energia na empresa que resultou dos projetos de crescimento. Suas revisões de cada um dos negócios mudaram e passaram a focalizar o crescimento lucrativo de receitas. Os indicadores de desempenho do negócio, os critérios para quem é promovido e como os incentivos são concedidos também mudaram para garantir que o comprometimento com o crescimento tornasse-se parte do DNA da Avery Dennison.

## Como cada parte do negócio pode criar projetos mais simples para o aumento das receitas



A liderança cria um ambiente propício para todas as partes da organização se conectarem e participarem de um programa de crescimento, com base em projetos mais simples de geração de receita.

O lendário Sam Walton marcava reuniões regulares aos sábados, que incluíam não apenas os principais gerentes do Wal-Mart, mas também gerentes de lojas, gerentes de áreas funcionais, como finanças e logística, e fornecedores. O foco dessas sessões de quatro horas era criar energia emocional e intelectual para elaborar projetos mais simples de geração de receita, que ajudassem o Wal-Mart a superar a concorrência. Líderes como Walton querem que todos pensem no crescimento, proponham ideias para o crescimento e participem de projetos de crescimento.

Uma das principais formas de como qualquer parte de uma empresa pode contribuir para o aumento de receita por meio de jogadas simples é estabelecer conexões eficazes com outras áreas críticas da organização. Por exemplo, juntar as informações coletadas pela equipe de vendas com os dados da equipe de marketing (a que analisa quais segmentos visar) e com o desenvolvimento de produtos permite detectar com mais propriedade as mudanças na experiência de compra e nos hábitos de consumo. Isso pode resultar em novas ideias para o aumento das receitas. Conectar as pessoas do serviço de atendimento ao cliente, especialmente aquelas que lidam com reclamações de clientes, com as do setor de operações de fornecimento de informações sobre produtos defeituosos é algo imperativo para corrigir problemas que afastam os clientes e reduzem as receitas.

A melhoria no serviço de atendimento ao cliente resulta tanto em melhor produtividade de custos como em maior participação no mercado, o que leva ao crescimento das receitas. E, naturalmente, as pessoas no serviço de atendimento ao cliente podem identificar os tipos de produtos e serviços que os clientes solicitam e que você atualmente não fornece. Um cliente satisfeito geralmente é um cliente fiel.

Mesmo um cliente insatisfeito pode ser uma fonte para projetos mais simples, de crescimento lucrativo de receitas, se as conexões entre os departamentos adequados forem bem-estabelecidas. É exatamente isso o que aconteceu na NETg, uma divisão da Thomson Corporation.

Como a maioria das empresas on-line de e-learning, a NETg passou por uma queda acelerada do número de clientes no final da década de 1990 e início do século 21, visto que o setor de educação on-line como um todo não correspondeu às promessas e à empolgação iniciais.

"Ao começar a trabalhar como presidente, lancei um movimento 'de volta ao básico'", diz Joe Dougherty, "e analisei o negócio de um novo ângulo".

Ficou evidente a Dougherty que alguns custos teriam de ser cortados. Mas sem o aumento da receita, a empresa entraria em queda livre. Buscando novas fontes de crescimento, ele começou a entender por que os clientes deixaram a NETg. A principal razão era que os clientes — muitos deles empresas da Fortune 1000 — investiam muito dinheiro em oportunidades de e-learning, mas seus funcionários não as utilizavam.

A pergunta, naturalmente, era "Por quê?". Dougherty investiu uma quantia significativa de dinheiro em um estudo realizado por uma consultoria externa para encontrar a resposta.

O problema não estava no conteúdo, mas no processo. O estudo revelou que os usuários muitas vezes não conseguiam acessar o sistema de aprendizagem da NETg. Frequentemente havia conflito entre o software da NETg, que fornece o material do curso, e os computadores das empresas em que ele era executado. O resultado final: os usuários não conseguiam acessar o conteúdo do curso. Se não conseguiam acessá-lo, não podiam usá-lo. E, se eles não o usavam, as empresas não viam razão para continuar pagando pelo curso.

"Uma visão ofuscante do óbvio", foi a maneira como Dougherty definiu o problema. "Nossos funcionários sempre descreviam a empresa como um provedor de conteúdo, mas, se as pessoas não conseguem acessar o conteúdo, ele não terá a menor importância para elas."

Em vez de apenas reagir às reclamações dos clientes quando o software não funcionava, Dougherty investiu recursos para desenvolver sistemas que se conectassem ininterruptamente com os clientes e reorientou as prioridades dos departamentos da empresa para fornecer acesso contínuo aos clientes.

"Acontece que tínhamos a habilidade — a capacidade de integração com o sistema de um cliente —, mas não estávamos tirando proveito disso", diz Dougherty. Agora a NETg dá aos clientes uma razão para continuar a fazer negócios com a empresa. É um exemplo quase banal, mas altamente ilustrativo da estratégia de usar jogadas mais simples para alcançar um benefício cumulativo. Assim como o é a maneira de a Staples usar seus recursos um pouco mais eficientemente.

Quase todas as lojas da Staples têm um centro de fotocópia e impressão. O problema, como a cadeia de materiais de escritório de US$ 12 bilhões descobriu, é que um número significativo de clientes não pensa na Staples quando se trata de serviços de impressão ou fotocópia. "A percepção era extremamente baixa", diz John J. Mahoney, vice-presidente executivo e diretor administrativo da Staples. E esses clientes (que nunca tinham usado o serviço) tinham dúvidas sobre a qualidade.

"Deixe-me contar uma história pessoal", diz Mahoney. "Minha esposa estava com a amiga e a filha da amiga. A filha tinha acabado de terminar um trabalho importante para a faculdade, que precisava apresentar para a classe. Como precisava de fotocópias, ela foi até a central local de cópias no centro, que informou que o serviço não poderia ser feito a tempo. Minha esposa perguntou: 'Por que você não o leva para uma loja Staples aqui por perto?', e sua amiga disse: 'Ah não, isso é importante, queremos qualidade'. Ela achava que nosso departamento de fotocópia era como um serviço de *fast food*. Bem, as três acabaram indo à Staples, e a amiga de minha esposa não poderia ter ficado mais satisfeita com os resultados."

Divulgar a mensagem — que a Staples tem o melhor serviço de impressão, rápido e acessível — é algo em que a cadeia está trabalhando e que está recompensando. Os resultados iniciais mostram que melhor percepção e uso das centrais de cópia e impressão estão aumentando o total de vendas de uma loja em 1% a 3% ao ano. Se usarmos 2% como uma média, isso significará um ganho anual de US$ 240 milhões em receitas.

Como os exemplos da Staples e NETg mostram, cada parte do negócio deve se envolver na criação de projetos mais simples para o aumento da receita. Isso inclui não apenas os "agentes usuais", como a equipe de vendas, marketing e desenvolvimento de produtos, mas também áreas que você menos esperaria que fossem fontes de crescimento de receita. Elas incluem os departamentos de finanças, faturamento, jurídico, operações (produção), atendimento ao cliente e logística. O que vem a seguir não é de forma alguma uma lista exaustiva das áreas e atividades que podem contribuir. Na verdade, é apenas um esboço e deve ser visto como um estímulo de como você pode criar projetos mais simples de geração de receita em seu próprio negócio. Para ajudar a estimular essa discussão, incluí uma série de perguntas para cada área ou atividade.

1| **Equipe de vendas.** O foco da equipe de vendas é descobrir o que a empresa pode fazer pelos clientes? O foco dos vendedores está nos clientes com o melhor potencial? A equipe de vendas tem muitos produtos para comercializar? Os territórios são muito grandes ou muito pequenos? Se organizada em uma base geográfica, a equipe de vendas deve ser reconfigurada de acordo com o setor dos clientes?

2| **Ajudando os clientes a crescer.** A equipe de vendas entende os processos de tomada de decisão e as redes sociais dos clientes? Você está examinando os problemas e as oportunidades dos clientes e aplicando seu capital intelectual para ajudá-los a crescer nos respectivos negócios? Sua organização está internamente conectada (por exemplo, o departamento de desenvolvimento de produtos conhece aquilo que o departamento de marketing está observando sobre os clientes?) de modo que você seja capaz de compartilhar informações de lançamentos estratégicos com os clientes e trabalhar com eles para desenvolver planos de marketing comuns e aumentar as receitas de ambas as empresas? Se o cliente for grande o suficiente, há um vendedor no local que conhece tudo o que acontece no estabelecimento para entender as pressões e as oportunidades que elas apresentam a você? Dessa forma, quando o cliente cresce, você cresce. Jeff Immelt, CEO da General Electric, expressou isso como "ACFC" — no cliente, para o cliente (*at the customer, for the customer*) —, uma ideia que ele está implantando em todos os negócios da empresa. (Vamos explorar esse conceito em detalhes mais adiante.)

3| **Segmentação das necessidades dos clientes.** Você tem as habilidades certas na segmentação das necessidades dos clientes para atualizar, ampliar e reposicionar seus produtos? Você usa suas habilidades para segmentar ainda mais essa necessidades a fim de descobrir novos clientes para seus produtos atuais? (Como esse tema é muito importante, voltaremos a ele mais tarde.)

4| **Precificação.** Sua estrutura de preços reflete o valor que você fornece para os clientes? Ela simultaneamente também melhora o aumento da receita e os resultados financeiros, segmentando eficientemente o comportamento de compra do cliente e identificando os atributos que o cliente mais valoriza?

5| **Posicionando e, quando necessário, reposicionando seu negócio.** Seu posicionamento de mercado o torna vulnerável a novos perigos, a exemplo da maneira como a Dell invadiu o território da Sun Microsystems no mercado de servidores? Torna-o suscetível à ameaça causada pelas novas tecnologias, como a telefonia local convencional foi ameaça pelas redes sem fio? Deixa-o sensível a fatores macroeconômicos, como flutuações cambiais?

6| **Marketing *downstream*.** Como a marca, a publicidade e a promoção são utilizadas para aumentar as receitas e mudar as percepções de seus produtos? A publicidade muda a visão do consumidor da sua marca do que ela é para o que ela deveria ser?

7| **Satisfação do cliente.** Você fornece serviços de atendimento ao cliente pré-compra (por exemplo, entrega no prazo, pedido completo, faturamento correto) e pós-compra melhor do que a concorrência? Isso pode ser causa e efeito do aumento da receita. A satisfação do cliente é uma experiência emocional gravada na mente do consumidor. O cliente talvez não se lembre dos detalhes, mas clientes satisfeitos tendem a ser consumidores fieis e também criam publicidade boca a boca. Não há melhor gerador de receitas que um cliente divulgando emocionalmente a experiência para outras pessoas. Que tipo de experiência você fornece aos clientes?

8| **Operações de logística e entrega.** Confiabilidade total aumenta as chances de os fornecedores ganharem preferência sobre a concorrência por espaço adicional nas prateleiras dos varejistas. Isso é um fundamento essencial para o aumento da receita. A sua empresa é confiável? Como *exatamente* você sabe isso?

9| **Produção.** Os processos e as ferramentas de produção são como uma linha de montagem enxuta que lhe dá uma vantagem? Uma iniciativa persistente e mais rápida para alcançar uma vantagem global de custo à frente dos concorrentes possibilita o ganho de uma maior fatia de mercado sem afetar negativamente os resultados financeiros. Da mesma forma, alcançar uma diferenciação na entrega para o cliente e, ao mesmo tempo, obter giros de estoque substancialmente melhores do que a concorrência conquista uma fatia de mercado e um aumento da receita sem realizar guerras de preços. Você é bom em ambas as áreas? Independentemente da sua resposta, o que você está fazendo para melhorar?

10| **Finanças.** O pessoal de finanças têm habilidades especiais que podem ser valiosas para ajudar a equipe de vendas a moldar propostas de valor na linguagem da empresa — fluxo de caixa, retorno sobre o investimento, margem, giros de ativos e conexões entre eles. Você os utiliza ao máximo?

11| **Faturamento.** Um dos maiores problemas para qualquer empresa é o faturamento extemporâneo, impreciso e incompleto, uma fonte de frustração tanto para a equipe de vendas como para os clientes. Muitas vezes, as disputas são resolvidas por meio de redução dos preços, levando à redução das margens e da receita líquida. Garantir que isso não aconteça é certamente algo fácil de fazer e que pode ajudar a aumentar as receitas. Quando foi a última vez em que você analisou a maneira como sua empresa lida com o faturamento (além de resolver um problema)? O faturamento deve ser revisto de maneira consistente e contínua.

12| **Jurídico.** Advogados costumam ter boa visão dos negócios e são uma fonte de ideias para estruturar os contratos de modo a aumentar a receita. Contatos com colegas deles na empresa de um cliente muitas vezes podem fornecer informações úteis para detectar os processos de tomada de decisão dos clientes. O departamento jurídico está fazendo isso? Se não, por quê?

13| **Tecnologia da informação.** A tecnologia da informação está no coração do crescimento de empresas como Amazon.com, eBay, American Express e Wal-Mart. O departamento de tecnologia da informação fornece atualizações em tempo real sobre o que os clientes estão comprando? Analisa o que a concorrência está fazendo? Identifica oportunidades de vendas cruzadas? A agenda de crescimento oferece a oportunidade para que o pessoal de TI se integre totalmente a cada parte das operações da organização.

14| **Recursos humanos.** Obviamente, o RH precisa se envolver com as questões relacionadas à previdência social, benefícios, custos de planos de saúde e desenvolvimento de liderança. Mas existem alguns departamentos de RH, como o do Bank of America, em um esforço liderado por Jim Shanley, que promovem vínculos sociais que quebram as barreiras entre os diferentes feudos da organização. A equipe de RH garante, por exemplo, que os departamentos de marketing e desenvolvimento de produtos sejam diretamente alimentados com informações que a equipe de vendas recebe dos clientes?

Como descrito acima, obter margens de lucro pequenas exige que todos se envolvam e se comprometam a fazer que elas aconteçam. Gerentes de todos os níveis precisam examinar cada atividade que eles — e seu pessoal — realizam e solicitar o que precisa ser alterado para aumentar o crescimento lucrativo das receitas. Essas mudanças geram dinamismo. Os funcionários podem ver um aumento constante das vendas, e, como já foi dito, você também lança as bases para potenciais grandes jogadas.

Quanto mais jogadas simples acertar, melhor será a oportunidade de que o efeito cumulativo aumente a distância entre você e seu concorrente mais próximo. Elas também alteram o clima e a energia da organização.

## Como jogadas simples podem ser tornar grandes jogadas

Empresas centradas no cliente e que têm uma cultura de crescimento transformam situações adversas de mercado em novas oportunidades para melhorias graduais e cumulativas por meio de (entre outras coisas) ressegmentação e reposicionamento. A Cardinal Health, por exemplo, teve de repensar seu negócio de luvas cirúrgicas. As vendas no segmento representavam US$ 200 milhões em uma empresa de US$ 4 bilhões e estavam essencialmente estagnadas havia dez anos. O problema era que sua luva tradicional (a que o dentista usa antes de dizer "abra a boca") estava rapidamente perdendo sua diferenciação e tornando-se um produto de consumo, principalmente por causa da extrema pressão sobre os preços das importações chinesas. Nesse setor altamente dependente de capital, a Cardinal descobriu que suas margens de lucro caíam drasticamente e que o retorno sobre o investimento era, portanto, inaceitável. As opções tradicionais eram claras. A Cardinal poderia simplesmente sair do mercado das luvas populares, lucrando o máximo possível até ele secar. Ou poderia aproveitá-lo, cortando custos (continuamente) o suficiente para ter lucro.

Ron Labrum, do segmento de produtos e serviços médicos-cirúrgicos da Cardinal, que inclui luvas, descreve a alternativa simples que a empresa escolheu: "Para permanecer no mercado, tomamos a decisão de comprar o produto e revendê-lo *versus* continuar a produzir esses tipos 'básicos' de luvas. Foi uma decisão muito problemática, mas o medo de sair do negócio nos obrigou a fazer isso".

Como Michael A. Lynch, presidente da divisão de luvas, coloca: "Se você não é um líder, você é um perdedor, e ficou claro que nós nunca seríamos líderes se nós mesmos produzíssemos as luvas. Por mais triste que fosse, decidimos terceirizar a produção".

Lynch partiu para o ataque e decidiu reposicionar o negócio total de luvas. Ele concentrou suas energias no segmento de luvas cirúrgicas de maior margem de lucro do negócio, investindo o tempo e as habilidades necessárias da gerência, bem como recursos financeiros e tecnologia. O dinheiro para essa iniciativa veio do capital liberado pela terceirização da produção das luvas populares. Essa divisão da empresa aumentou sua participação no mercado de luvas total e, consequentemente, as receitas e os lucros. O total de venda do departamento de luvas subiu quase 4% em 2002 e outros 10% em 2003, em um momento em que as vendas dessa indústria só aumentaram 2%. A participação de mercado aumentou correspondentemente. A iniciativa aumentou os lucros de duas maneiras. Além de a Cardinal ser capaz de vender um volume maior de luvas cirúrgicas mais caras e de margem mais alta, os custos caíram por causa das melhorias na produtividade.

Ao transformar essa adversidade em uma oportunidade, a estratégia de jogadas mais simples da Cardinal para descobrir uma maneira simples de salvar o negócio de luvas populares forneceu a plataforma para aquilo que se tornou uma grande jogada. Isso liberou a atenção gerencial e o capital para investimento em outros lugares. O sucesso nesse segmento contra a ameaça chinesa fez Lynch e sua equipe reposicionar a Cardinal para atacar o mercado de luvas cirúrgicas de margens mais altas e receitas maiores, e ela foi bem-sucedida. O resultado? Uma participação de mercado mais forte, mais ampla e mais rentável, claramente uma grande jogada.

A Cardinal Health mostrou como uma empresa pode transformar um problema em uma oportunidade de crescimento. Todos podem contribuir para aumentar as receitas, como mostram os exemplos a seguir.



## Como cada um pode gerar ideias para o aumento da receita

O quadro de crescimento é uma ferramenta simples que todo mundo deve usar a fim de gerar ideias para realizar jogadas mais simples. Ele ajuda a evitar a armadilha de pensar apenas em termos de produtos, em vez de focalizar as necessidades dos clientes. Melhor ainda, ele é extremamente fácil de usar. Ele pode ser desenhado na parte de trás de um guardanapo, durante um almoço ou um drink com clientes, pessoas de outras partes da organização, fornecedores como a agência de publicidade, e até fornecedores não concorrentes de produtos e serviços para seus clientes. Examinando os quatro quadrantes do quadro de crescimento, você pode despertar ideias para ampliar a receita e aumentar os lucros. Vamos usar alguns exemplos para mostrar como fazer isso.

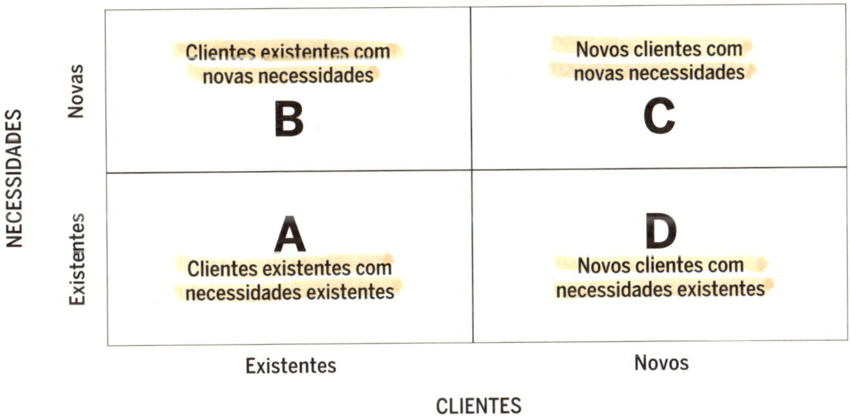




### Quadro A (clientes existentes com necessidades existentes)

A iniciativa do Wal-Mart de atender os clientes existentes com mais que produtos gerais, adicionando gêneros alimentícios a suas ofertas, acelerou o aumento da receita e o tornou a maior empresa do mundo. A empresa estava fazendo algo semelhante adicionando produtos encontrados na Staples, Office Depot e Home Depot. Todas essas iniciativas são projetadas para suprir as necessidades dos clientes atuais.

### Quadro D (novos clientes com necessidades existentes)

A Avon é um ótimo exemplo desse método para aumentar receitas. Ela identificou segmentos de adolescentes nos Estados Unidos como um novo mercado que ela ainda não atendia e então usou as capacidades existentes para supri-lo. Foi uma iniciativa que melhorou significativamente o nível de receitas da Avon nos Estados Unidos.

### Quadro C (novos clientes com novas necessidades)

Quando uma empresa tem de mudar a estratégia ou o modelo de negócio, ela geralmente desenvolve ideias para o Quadro C. Por exemplo, uma empresa de base industrial B2B entrando pela primeira vez no mercado de produtos de consumo.

### Quadro B (clientes existentes com novas necessidades)

Usando a base existente de clientes, a Avon analisou os produtos de cuidado pessoal que ela potencialmente poderia vender para seus clientes, mas que atualmente ela não fornece. A Avon criou então os produtos para atender essas necessidades. Um exemplo simples: as mulheres cada vez mais se preocupam com celulite, assim a empresa criou o Cellu-Sculpt Anti-Cellulite Slimming Treatment.

## Expanda o lago

Outro exemplo da aplicação do Quadro B (clientes existentes com novas necessidades) é "expandir o lago": ter uma visão mais ampla das necessidades do cliente, das quais atualmente você só conhece uma parte. Isso é especialmente recomendado quando você tem uma participação dominante em um mercado estritamente definido. Você procura expandir o que é oferecido à base de clientes, entrando em segmentos de mercado relacionados. Isso significa literalmente expandir o lago em que você pesca negócios, redefinindo o que faz para ganhar dinheiro a fim de ser mais inclusivo enquanto ainda permanece fiel ao seu principal negócio. É uma fonte adicional de ideias criativas, porque explora a necessidade do cliente com um escopo mais amplo. Por exemplo, a contínua batalha entre a Coca e a Pepsi não envolve apenas refrigerantes, que constituem apenas 3% dos líquidos totais consumidos por dia. O campo de batalha agora se concentra nos outros 97%, bebidas não alcoólicas como água mineral, sucos e bebidas esportivas. Uma pergunta que poderia fazer você pensar é: como redefinir o escopo do seu mercado de tal forma que a participação de 90% na definição antiga torne-se 10% na nova definição?

As jogadas mais simples permitem reorientar o pensamento de todos na empresa para alcançar um crescimento contínuo da receita. A Johnson Controls, como estamos prestes a ver, fez exatamente isso.

## Como a Johnson Controls mudou sua abordagem de vendas para aumentar o crescimento das receitas

Recrutando executivos de alto nível conhecidos pelo espírito de equipe, atualizando a equipe de vendas e segmentando claramente os clientes, Brian J. Stark e sua equipe de liderança na Johnson Controls recentemente aumentaram a taxa de crescimento das receitas e os lucros em sua Controls Group, líder no fornecimento de serviços para edifícios de sistemas de aquecimento, ventilação, ar condicionado (HVAC), iluminação, segurança e controle de incêndio. O grupo fornece gerenciamento integrado de instalações para muitas empresas da lista

Fortune 500. Ele gerencia mais de 100 milhões de metros quadrados em todo o mundo e economiza centenas de milhões de dólares em custos operacionais e de energia para seus clientes. Mas esse nem sempre foi o caso.

O Controls Group vendia hardware relacionado à energia— um sistema de aquecimento aqui, ar-condicionado lá — com base no preço. Em 2000, quando Stark tornou-se presidente, ele e sua equipe viram uma grande oportunidade para atender os requisitos energéticos e operacionais das instalações de grandes organizações como a General Motors. Normalmente, essas empresas têm muitos edifícios e estão extremamente preocupadas em melhorar a produtividade do uso da energia. Elas também querem livrar a atenção gerencial de atividades não essenciais, como manutenção predial, bem como disponibilizar mais capital para uso em outros lugares.

Mas agir diante da oportunidade de vender sistemas de energia, e obter contratos de serviço de longo prazo, exigia novas capacidades de venda. Para ser eficaz, a equipe de vendas da Johnson Controls teria de analisar todos os requisitos de energia de um edifício e determinar qual mudança na aplicação de tecnologia ou processo iria melhorar a produtividade do uso de energia. A equipe também precisaria analisar os padrões comportamentais das pessoas que utilizam o edifício e como isso afeta o uso de energia.

O próximo passo seria desenvolver um programa para a prestação de serviço dia e noite e uma proposta de valor para o cliente. Isso exigiria que as pessoas na equipe tivessem as habilidades financeiras para ver o quadro total e analisar quanto do fluxo de caixa e dos custos o cliente economizaria com um contrato de longo prazo. Em muitos casos, a equipe precisa trabalhar em conjunto, negociar e, eventualmente, vender diretamente para o diretor financeiro da empresa que está comprando a solução de energia fornecida pela Johnson Controls. Isso é muito mais difícil do que simplesmente cortar 10% do preço estabelecido no contrato para vender um novo projeto.

Além disso, a chance de vender sistemas prontos para uso de energia requer uma comunicação eficaz entre a equipe de vendas e o pessoal técnico e de serviço da Johnson.

As ações que a Johnson Controls tomou para construir a base para o aumento da receita incluíram as seguintes:

» Stark e o vice-presidente de RH Darrell Middleton contrataram executivos comprometidos não apenas com resultados iniciais e finais, mas também com o conceito de equipe. A remuneração dos executivos era feita com base em uma equipe, e pessoas com grandes egos pessoais nunca são adequadas para o trabalho em equipe. Stark e Middleton chamaram isso de "eliminar o fator 'eu'".

» Um comprometimento para investir os recursos necessários para apoiar e treinar a equipe de vendas em soluções de vendas, mostrando especialmente como orientar várias partes do negócio para desenvolver propostas de valor e criar soluções para os clientes. Esses recursos para treinamento fazem parte do orçamento para crescimento da Johnson Controls (leia mais sobre orçamento para crescimento no Capítulo 6).

» Transparência e objetividade em relação a quais gerentes de vendas e vendedores seriam capazes de operar com sucesso nesse novo ambiente de venda de soluções. Stark e sua equipe começaram a perceber que independentemente do treinamento dado, algumas pessoas não conseguiriam alcançar o nível exigido de especialização. Essas pessoas eram escaladas em novas funções ou demitidas.

» Reconhecer que os vendedores com capacidade de vender soluções exigiriam melhor remuneração e, possivelmente, deveriam ser contratados entre aqueles com formação não tradicional.

Construir contas de referência para mostrar aos novos clientes que as soluções propostas pela Johnson Controls causariam um impacto no resultado financeiro e que os escritórios locais entregariam o que foi prometido.

Por meio desses passos fundamentais, a Johnson Controls agora se diferencia claramente dos concorrentes, especialmente de um grande rival que, até recentemente, vinha cortando sua força de vendas. Mas o principal diferencial é que a concorrência vende principalmente produtos individuais, enquanto que a Johnson Controls vende soluções.

Este capítulo focalizou a importância das jogadas mais simples, isto é, pequenos aprimoramentos cumulativos, para fazer o crescimento interessar a todos na empresa. Uma lição igualmente importante é a qualidade do crescimento, tema do nosso próximo capítulo.

# 3

# Como diferenciar bom crescimento de mau crescimento

**Nem todo crescimento de receita** é criado da mesma maneira. A história mostra que a maioria das fusões e aquisições faz pouco para ajudar a saúde e a taxa de crescimento das receitas a longo prazo de uma organização. Da mesma forma, o crescimento que usa capital de forma ineficiente não é a melhor solução. A pergunta é como você pode diferenciar o bom do mau crescimento? Vamos tentar encontrar uma resposta analisando o exemplo da Colgate-Palmolive.

Nos últimos anos, a Colgate-Palmolive enfrentou uma série de desafios excepcionalmente intensa — lento crescimento do mercado, concorrentes maiores com muitos mais recursos e varejistas cada vez mais exigentes — na sua busca por crescimento.

A Colgate vende produtos de consumo onde o crescimento de mercado é mais ou menos comparável ao crescimento do PIB de 2% a 3% ao ano. Nesses mercados, Wal-Mart, Kmart e CVS tornaram-se varejistas extraordinariamente poderosos, dominando as vendas de produtos em áreas como saúde bucal, cuidados para o bebê e a família, beleza e limpeza doméstica.

Como a Colgate tem apenas cerca de um quinto do tamanho de cada um de seus principais concorrentes — Procter & Gamble e Unilever — ela enfrenta desvantagens de escala, tamanho e poder em suas relações com as cadeias varejistas dominantes.

Na sua busca por aumento de receita, o desafio para empresas como a Colgate é duplo. O primeiro é a luta por espaço na prateleira, convencendo os Wal-Marts do mundo que os consumidores que visitam suas lojas vão preferir produtos Colgate. O segundo é o desenvolvimento da logística e de tecnologia da informação capaz de fornecer o tipo de entrega, velocidade e serviço que melhorará a lucratividade do Wal-Mart por metro quadrado de espaço na prateleira fornecido para a Colgate, o que, naturalmente, incentivará a loja a dar a ela ainda mais espaço.

Nas últimas duas décadas, no mercado de produtos de consumo para higiene bucal, a Colgate foi bem-sucedida na sua luta contra a P&G e a Unilever, e seu sucesso é um exemplo significativo do tipo do "bom crescimento" e produtividade de receitas (um conceito que exploraremos em detalhes no Capítulo 5) que valoriza as ações de uma empresa.



## Como o bom crescimento cria valor

Obviamente, qualquer tipo de crescimento aumenta as receitas. O bom crescimento, porém, não apenas amplia as receitas, mas, correspondentemente, também melhora os lucros e é sustentável ao longo do tempo. Ele é *principalmente* gerado de uma maneira orgânica (internamente), a partir de operações e negócios contínuos da empresa, e baseia-se em produtos e serviços diferenciados, que atendem necessidades novas ou anteriormente não satisfeitas dos consumidores.

O bom crescimento — isto é, o crescimento lucrativo, orgânico, diferenciado e sustentável — cria valor para os acionistas ao longo do tempo; em contraposição, o mau crescimento o destrói. Fusões e aquisições, um exemplo primário de mau crescimento, muitas vezes baseiam-se em visões míopes da sinergia que não se sustentam na realidade do mercado. Em vez de 4 mais 4 ser igual a 10, como prometido quando os negócios são anunciados, em geral, 4 mais 4 acaba sendo igual a 5 ou 6. É verdade que um grande número de fusões e mega-aquisições resultam em sinergias de custo que só acontecem uma única vez — geralmente economias de custo resultantes da eliminação de duplicações com a empresa resultante da fusão — *mas raramente em melhor taxa de aumento de receita que é sustentável a longo prazo.*

A SearsRoebuck, por exemplo, era o maior varejista do mundo no início da década de 1970. Ela optou por acelerar a taxa de crescimento por meio de aquisições, diluindo seu foco no varejo e ampliando a base dos seus produtos e serviços no setor imobiliário (Century 21, Coldwell Banker), serviços financeiros (Dean Witter) e cartões de crédito (Discover). Ela já tinha a Allstate Insurance, criada em 1931. A premissa estratégica da Sears era de que a mesma base de clientes no varejo compraria esses serviços adicionados dentro do modelo de consumo de "tudo em um só lugar". Trinta anos depois, a Sears voltou ao seu negócio de varejo principal, abandonando todas as operações não varejistas, incluindo a Allstate. O último passo nessa estratégia "de volta para o futuro" foi divulgado em julho de 2003, quando a Sears anunciou que estava vendendo todo seu negócio de crédito e serviços financeiros para o Citigroup por US$ 6 bilhões em dinheiro vivo. Mas, nesse ínterim, sua posição no mercado varejista dos Estados Unidos caiu radicalmente e, agora, tem cerca de um oitavo do tamanho do Wal-Mart que, em 1970, era um pequeno varejista regional.

Comparado com o crescimento por meio de uma série de grandes aquisições, o bom crescimento oferece melhores retornos ao longo do tempo, é menos arriscado e poupa as empresas dos efeitos incapacitantes de dívidas altas e crises financeiras como aquelas enfrentadas pela Vivendi e a AOL Time Warner.

À medida que a Vivendi começou a se transformar de uma obscura empresa francesa no setor de água para um gigante mundial na área de entretenimento, sua diretoria iniciou uma onda de aquisições que teria dado inveja aos compradores mais compulsivos. Nos Estados Unidos, a Vivendi adquiriu (entre outras coisas) a Universal Studios, a Blizzard Entertainment e a Def Jam. O problema? A Vivendi desembolsou mais do que as empresas valiam e se endividou para pagar a maioria dessas caras aquisições. Embora as empresas adquiridas dessem lucro, a Vivendi como um todo entrou no vermelho, depois de calcular o refinanciamento dos juros sobre os bilhões de dólares que ela tomou emprestado. A condição financeira da empresa tornou-se tão grave que muitos se perguntavam se ela sobreviveria. Um novo CEO foi nomeado e ele não tinha outra escolha a não ser reduzir a dívida. Mas isso não foi suficiente.

Com o tempo, a maior parte do que é conhecido como a Vivendi Universal Entertainment — incluindo todos os produtos de entretenimento, exceto músicas — foi adquirida pela GE, que tentava ampliar a base da sua divisão NBC. A iniciativa fazia sentido estratégico para a GE, que comprou os ativos por um preço muito atraente. Ela reduziu significativamente a dependência da NBC para com fontes tradicionais de publicidade, de 90% para 45%.

Eis outro exemplo de mau crescimento. A fusão anunciada em 1998 do segundo maior fabricante de computadores, a Digital Equipment Corp (DEC), com a Compaq, então a maior empresa mundial de computadores pessoais, foi um completo desastre. Na sua tentativa de ser tão grande quanto a IBM no setor de hardware e serviços, a Compaq adquiriu a Tandem, antes de comprar a DEC. Mas as condições do mercado mudaram para softwares e serviços, e as aquisições nunca foram apropriadamente digeridas e integradas na Compaq. Como se isso não bastasse, a Compaq/Tandem/DEC combinadas se fundiram com a Hewlett-Packard alguns anos mais tarde (o negócio foi fechado em 2002). O novo gigante está alcançando sinergias de custos, mas ainda se avalia qual será seu desempenho em comparação com a Dell e a IBM, que estão crescendo tanto organicamente como por meio de aquisições estratégicas para completar suas ofertas de produtos.

Ao apresentar os exemplos da Sears, Vivendi e Compaq, não estou condenando universalmente todo tipo de aquisição. Há momentos em que escala (isto é, o tamanho total em relação aos concorrentes) é importante e pode ser impossível competir contra gigantes da indústria sem ela. A Phillips e a Conoco eram peixes relativamente pequenos no mercado de energia. Ambas cresciam, mas estavam em uma posição competitiva muito desfavorável em relação à ExxonMobil ou à BP. A fusão entre a Conoco e a Phillips em 2002 (que tornou-se ConocoPhillips) cortou custos, e a integração das duas empresas foi extremamente bem-sucedida. Elas realmente somaram suas forças. Cada uma tem uma perícia particular na procura por petróleo em diferentes regiões do mundo, e o maior tamanho da empresa permite que ela faça apostas mais altas na exploração de poços.

Por outro lado, há momentos em que um setor da economia passa por uma onda de consolidações. Nesses momentos, ou a empresa se expande ou ela ficará em desvantagem.

Mas, de modo geral, o crescimento orgânico continua a ser o caminho a seguir. Ele resulta em um melhor índice preço/lucro, de modo que, quando um setor passa por uma consolidação, esse ponto forte fornece a uma empresa uma vantagem para fazer aquisições adequadas contra a concorrência. O resultado final é uma empresa com escala e escopo adicionais e maior credibilidade para alcançar o próximo degrau.

## Mau crescimento

O mau crescimento não se limita a fusões e aquisições sem lógica estratégica. A redução de preços para ganhar participação de mercado sem um corte correspondente de custos também pode levar a desastres.

Um exemplo recente ocorreu no setor de materiais de construção, um negócio em que existem quatro grandes protagonistas, incluindo um que chamaremos Global Building Materials Inc. Como é o caso dos seus concorrentes, a Global Building é uma empresa de capital intensivo com custos fixos altos e um alto ponto de equilíbrio.

A controladora da Global Building contratou um novo diretor de divisão para administrar o negócio. Ele era o aparente herdeiro do CEO da controladora e seu desempenho na nova função seria um grande teste para ver se ele estava pronto para o cargo mais alto da empresa.

O novo gerente acreditava que poderia ganhar uma participação significativa no mercado por meio de reduções de preços. Ele foi bem-sucedido — pelo menos inicialmente. O volume aumentou nos dois meses seguintes, e a fatia de mercado da Global Building cresceu notavelmente.

Mas a concorrência não tinha outra opção a não ser responder à altura, uma vez que a perda de participação de mercado nesse setor com custos fixos altos significa perder fluxo de caixa e lucratividade. O resultado final da redução de preços fez com que os lucros e as receitas do setor encolhessem, o que, obviamente, também afetou a Global Building.

A controladora teve de rever suas estimativas de ganho três vezes no período de um ano, e o preço das ações caiu 60%. O diretor sucessor dessa divisão demorou dois anos para restaurar o equilíbrio do negócio.

A Global Building poderia ter sido bem-sucedida nos seus esforços de ganhar participação de mercado se o diretor da divisão melhorasse a produtividade, oferecesse produtos de melhor qualidade e criasse uma estrutura de custos melhor antes que concorrência fizesse isso. Com custos mais baixos e produtos de melhor qualidade, teria sido possível reduzir os preços e ganhar participação no mercado mantendo a margem de lucro. Ou ele poderia ter tentado explorar segmentos mais rentáveis do mercado ou tornar-se inovador no setor.

O problema da estratégia que ele escolheu era que não havia nenhuma vantagem competitiva intrínseca. O único resultado foi que todos no setor sofreram. Como sempre, houve também consequências pessoais: o diretor da divisão nunca se tornou o CEO.

## Comprando crescimento por meio de descontos antieconômicos de preço

Ganhar participação de mercado dando a alguns clientes condições creditícias excepcionalmente favoráveis — termos que resultam em perda de dinheiro em cada venda — é outro exemplo de mau crescimento. Isso nunca funciona no longo prazo. Subsidiar as compras dos consumidores do seu produto cobrando juros muito baixos ou nenhum juro sobre as opções de financiamento que você oferece a eles, ou lhes dando um período estendido para pagamento, poderia impulsionar as vendas no curto prazo, mas nunca é eficaz como uma estratégia de crescimento a longo prazo.

Temos visto os problemas dessa abordagem em inúmeros casos, quando os fabricantes — especialmente na indústria de telecomunicações — oferecem aos consumidores condições de pagamento ridiculamente facilitadas. Eles basicamente pagam os custos de financiamento que os compradores teriam de arcar se precisassem fazer um empréstimo para comprar seus produtos. As empresas de telecomunicações colocam sua própria liquidez e avaliação de crédito em risco, ameaçando assim toda a empresa.

Nessas situações, as empresas são até capazes de registrar receitas e lucros em termos contábeis, e os gerentes recebem seus bônus por cumprir as metas, mas no final das contas, surge uma crise de liquidez acompanhada de grandes baixas contábeis.

## Bom crescimento

As melhores empresas, aquelas que vão prosperar no longo prazo, aumentam tanto a receita bruta como a receita líquida consistentemente ao longo do tempo, desenvolvendo uma vantagem competitiva cumulativa que cria valor para os acionistas. Elas talvez não apresentem os melhores números no setor, quando medidos no curto prazo, mas seu desempenho acumulado é estelar, graças à forma como abordam o aumento da receita. O bom crescimento delas também fortalece o DNA da empresa criando novas competências e pontos fortes, desenvolvendo assim as habilidades do seu pessoal e confiança na psique da organização.

O que caracteriza o bom crescimento? Ele é lucrativo, orgânico, diferenciado e sustentável. Veremos cada um desses fatores a seguir.

## Lucrativo

O bom crescimento não deve apenas ser lucrativo, mas também eficiente em termos do uso do capital — isto é, ele deve mostrar um retorno sobre o investimento maior do que a empresa teria se investisse em algo ultrasseguro, como uma letra do tesouro. O crescimento da Colgate-Palmolive é definitivamente lucrativo.

Por mais de uma década, a Colgate procurou firmemente tornar-se a número um no mercado de produtos de consumo de higiene bucal e, como mencionado, superou tanto a Procter & Gamble como a Unilever. Tão importante quanto o crescimento das receitas tem sido a lucratividade constante da Colgate. A margem bruta passou de 39% em 1984 para quase 60% em 2003, um aumento de quase um ponto por ano.

A margem bruta — receitas menos o custo de fabricação do produto para obter essas receitas — é um indicador importante da lucratividade de uma empresa e muitas vezes não recebe a atenção que merece. Aumentar a margem bruta e as receitas ao mesmo tempo, a uma taxa melhor que a do mercado, em geral, é o que define o bom crescimento de uma empresa. É aqui que você pode ver diretamente a relação entre melhor produtividade e crescimento lucrativo. A Colgate, por mais de uma década, foi capaz de encontrar maneiras de melhorar consistentemente sua posição competitiva, tornando suas operações mais produtivas e racionalizando seus processos.

O crescimento na margem bruta da Colgate também reflete sua capacidade de inovar melhor do que a dos seus principais concorrentes. A Colgate criou um "grupo de crescimento" corporativo com duas grandes responsabilidades. A primeira foi focalizar continuamente o desenvolvimento de novos produtos, estendendo os produtos existentes e melhorando as embalagens. A segunda, igualmente importante, foi concentrar-se na logística, na produção, na entrega e na velocidade e prontidão de resposta aos varejistas por meio do uso eficaz de armazenamento de dados, tecnologia da informação e produtividade de custo. Mais uma vez, esse é um exemplo de uma empresa de primeira linha reconhecendo que deve simultaneamente melhorar os custos da produtividade e crescer.

Ambos os processos resultam em mais espaço de prateleira para a Colgate. Isso também significou redução de custos não apenas para a Colgate, mas também para os varejistas. A Colgate reduziu os custos de armazenagem e de venda dos produtos dos varejistas e melhorou o giro de estoque dos produtos da Colgate, reduzindo assim os custos dos varejistas.

A Colgate foi se tornando cada vez mais lucrativa do que a concorrência, apesar da enorme vantagem que a Procter & Gamble e a Unilever tinham no início da corrida. Ela fez isso concentrando-se continuamente em seu principal negócio e encontrando maneiras de torná-lo melhor. Ela enfatizou as "jogadas mais simples". A Colgate tornou-se obcecada por aquilo que acontecia com suas marcas em cada ponto de venda, focalizou as necessidades dos varejistas, desenvolveu o reconhecimento da marca pelos consumidores, continuou a melhorar seus produtos e persuadiu o consumidor a preferir seus produtos.

A trajetória de crescimento que a Colgate escolheu foi boa tanto para os acionistas como para seu pessoal. O rápido crescimento da empresa permitiu que ela atraísse os melhores executivos na indústria — gerentes comprometidos com o crescimento.



## Orgânico

O crescimento orgânico, na maioria dos casos, tem sua gênese no desenvolvimento e na implementação de ideias dentro da organização.

Além de ser a maneira mais eficiente de gerar aumento de receita, também oferece benefícios colaterais extremamente importantes. Ele exercita a criatividade da organização e promove a formação de equipes, uma vez que criar novos produtos de sucesso é, por definição, uma tarefa multidisciplinar. Quando os funcionários trabalham com os clientes para buscar novas ideias, transformar essas ideias em realidade exige a derrubada de feudos e requer a união necessária para buscar meios-termos e tomar decisões sobre o lançamento de novos produtos. Ele também desenvolve a autoconfiança da organização.

Saber que isso criou um projeto de crescimento bem-sucedido torna mais fácil enfrentar o próximo desafio, e o impulso se alimenta de si mesmo.

O creme dental Total da Colgate foi resultado natural da perícia e do sucesso da empresa no seu principal negócio, produtos de higiene bucal. A fórmula patenteada do creme dental fornece 12 horas de proteção contra cáries, placa bacteriana, gengivite, tártaro, mau hálito e, ao mesmo tempo, branqueia os dentes. Oferecer todos esses benefícios em um único creme dental ajudou a Colgate a ganhar rapidamente participação de mercado — e, obviamente, aumentou a receita da empresa no processo. Mas também foi um risco porque o creme dental Total incorporava um ingrediente, triclosan, que precisava da aprovação da Food and Drug Administration. (Triclosan ajuda a reduzir a placa bacteriana e a gengivite.)

Criar um novo produto como o Total requer pesquisa, formulação, testes de desenvolvimento e, neste caso, aprovação final da FDA. O creme dental foi um enorme sucesso.

O crescimento orgânico também pode basear-se na satisfação de uma necessidade adicional do cliente ou na exploração da perícia existente de uma organização em relação a produtos, segmentos de clientes ou regiões geográficas para conquistar novos mercados. Por exemplo, a iniciativa da Dell no setor de servidores de armazenamento e impressoras é um exemplo de uma adjacência, um produto que satisfaz uma necessidade relacionada do consumidor.

Embora o bom crescimento seja *principalmente* orgânico, há momentos em que faz sentido suplementar o crescimento orgânico com aquisições menores, como as aquisições *bolt-on*[1] para suprir falhas estratégicas, como construir uma fortaleza em uma região geográfica, obter uma nova tecnologia, atender uma necessidade adjacente ou adicionar um novo canal de distribuição.

A GE Medical Systems vende máquinas e serviços de diagnóstico (radiografia, ressonância magnética) para hospitais. Uma grande necessidade não atendida desses clientes hospitalares é o gerenciamento de todas as informações dos pacientes de forma eficiente. A GE Medical viu uma grande oportunidade na informatização dos hospitais, mas precisava de perícia externa em softwares e na integração dessa capacidade de informatização ao seu negócio principal. Por meio de uma aquisição complementar da Marquette Electronics, a GE Medical

[1] N.T.: Em inglês, *bolt-on acquisition* é a aquisição em que a empresa adquirente pretende fundir a empresa adquirida com um de seus departamentos.

adquiriu as habilidades e capacidades necessárias para criar a gestão de informações hospitalares como uma linha de produtos lucrativos, que cresce mais rapidamente do que os gastos com a divisão médica como um todo.

## Diferenciado

Quando alguém fala de comoditização, o que vem à mente? Que todos competem em termos de preços, e que não há diferenciação?

Essa é a maneira como a maioria das pessoas vê a comoditização. Mas se isso fosse realmente o caso no mundo real, então o mercado seria dividido de acordo com a capacidade de produção de cada um dos participantes, sempre que as empresas competissem para vender um produto com preço igual. Mas esse quase nunca é o caso. Vencedores na busca de crescimento lucrativo preocupam-se com diferenciação, por menor que seja.

Não importa o grau de comoditização do seu negócio, empresas com bom crescimento encontram uma maneira de se diferenciar. Para fazer isso, elas veem as coisas por meio dos olhos dos clientes e potenciais clientes, detectam o que eles preferem e capturam-nos por meio de produtos, serviços e relacionamentos que são mais bem diferenciados que os da concorrência.

Você só precisa analisar o que a Dell fez. Basicamente, a empresa oferece um único produto: computadores pessoais. No entanto, a Dell diferenciou sua linha de produtos garantindo que seus computadores pessoais sejam confiáveis, baratos e possíveis de personalizar — isto é, os clientes podem montar seus PCs exatamente da maneira como querem. Essa diferenciação, junto com as melhorias contínuas na produtividade da Dell, foco no controle de custos e uma cadeia de suprimentos que lhe dá os melhores giros de estoque do mundo no setor de informática, permite que a empresa continue aumentando sua fatia em um mercado cujo ritmo de crescimento já vem caindo há algum tempo.

Em um nível mais complexo, a Lexus inicialmente se diferenciava posicionando seu carro abaixo dos da Mercedes e acima dos da Cadillac, de tal modo que os clientes compravam o prestígio conferido por um Mercedes, mas a um preço mais baixo.

Mas o verdadeiro diferencial da Lexus era a experiência de pós-compra e a confiabilidade mecânica. Ano após ano, os proprietários do Lexus têm menos problemas com seus carros e, quando há um problema — mesmo que seja apenas uma suspeita — as revendas tentam resolvê-lo imediatamente. O proprietário de um Lexus disse que quando ele levou o carro para a revisão de rotina, ele mencionou de passagem que a transmissão automática do carro parecia um pouco lenta. Demorava um pouco mais do que o esperado para mudar de marcha. Ele *não* estava reclamando, disse ao funcionário técnico — simplesmente estava comentando uma peculiaridade encontrada no carro que, exceto por isso, ele adorava.

Os técnicos de manutenção verificaram o carro e concordaram que a mudança de marchas estava mais lenta, mas não conseguiam descobrir a causa. A solução da Lexus? A empresa substituiu a transmissão — um serviço de US$ 7.000 — sem custo algum para o cliente.

A Lexus poderia arcar com esse custo porque as revendas comercializam um produto lucrativo que resulta em poucas reclamações dos clientes. Para o comprador, um Lexus é um bom negócio, e dirigir e manter esse carro praticamente não apresenta preocupações.

O que os exemplos da Lexus e da Dell deixam claro é que os clientes podem perceber diferenças, quando o preço dos produtos concorrentes é exatamente o mesmo, por meio de melhor entrega, melhor apelo emocional ou melhor experiência de pós-compra.

A diferenciação também pode ocorrer no serviço que um fabricante fornece para varejistas como o Wal-Mart. Nesse caso, a diferenciação acontece por meio do uso da logística — sincronizar os programas de marketing do fabricante com o varejista e ajudá-lo a alcançar sua aspiração de fornecer produtos e serviços de uma maneira única para cada uma das suas regiões. Por exemplo, um fornecedor poderia ajudar o Wal-Mart a criar programas específicos para estimular vendas para hispânicos.

Ajudando o cliente a aumentar suas vendas, o fabricante pode criar um diferencial para si mesmo, deixando de ser apenas outra empresa com a qual o cliente faz negócios.

## Sustentável

O bom crescimento continua ao longo do tempo. Ele tem uma trajetória sustentável. Você não procura um aumento rápido nas receitas, causado por cortes de preços ou investimentos substanciais em uma oportunidade que só acontece uma única vez. O objetivo é fazer que o crescimento continue ano após ano. Por exemplo, o crescimento da Southwest Airlines baseou-se em uma série consistente de ações. Novas rotas foram cuidadosamente traçadas — o objetivo é torná-las rentáveis em menos de um ano — e os tempos de permanência em pátio (*turnaround times*, o período entre o pouso e a decolagem de um avião) são substancialmente mais curtos do que a média do setor, permitindo que os aviões da Southwest façam mais viagens por dia do que os concorrentes.

Se você analisar um dos fornecedores do setor aéreo, poderá ver outro exemplo de crescimento sustentável. Nesse caso, a iniciativa em direção à sustentabilidade foi motivada pela necessidade.

A crise do setor aéreo no início da década de 1990 levou a uma diminuição nas receitas das empresas que vendiam motores de aeronaves. A GE Aircraft Engines redefiniu as necessidades das companhias aéreas para incluir não apenas os motores propriamente ditos, mas também sua manutenção regular. Até esse momento, uma grande companhia aérea usaria a oficina de serviços de uma empresa, digamos, em Chicago, e a de empresas completamente diferentes em outras regiões ao redor do mundo. Algumas também faziam a manutenção nas suas próprias oficinas.

A nova proposta de valor da GE era fornecer serviço completo de manutenção no mundo todo. Por meio de inovação, uso de tecnologia da informação e capacidade gerencial para fornecer manutenção melhor, o resultado seria menos tempo de inatividade e custos mais baixos para as companhias aéreas. Por exemplo, fazer uma grande revisão por conta própria poderia exigir que um avião da companhia retornasse vazio à oficina de serviços. Com operações de serviços em todo o mundo, a GE pode fazer o trabalho onde quer que o avião esteja, o que faz com que ele volte a operar mais brevemente, gerando receitas mais cedo. E como ela se especializou, a GE pode fazer o trabalho necessário de conserto mais rapidamente, aumentando mais uma vez a produtividade para as companhias aéreas. Dezenas de companhias aéreas aproveitaram a oportunidade e terceirizaram a parte de manutenção dos seus negócios para um único fornecedor.

Antes de seu principal concorrente, a Pratt & Whitney, acordar, a GE Aircraft Engines tinha abocanhado 70% do mercado de serviços para aeronaves. E, naturalmente, os contratos de serviços vinculavam os clientes mais estritamente à GE, dando-lhe uma vantagem na venda do produto principal — motores — e desenvolvendo uma trajetória de crescimento sustentável tendo um fluxo de receita incorporado, dinheiro que entra todo mês a partir dos contratos de serviço.

Nesse caso, a "jogada simples" de adicionar um componente de serviço a um produto criou uma plataforma que é uma "grande jogada" em termos de uma trajetória de crescimento sustentado ao longo de décadas. As receitas recorrentes das operações de serviço são extremamente confiáveis. Além de a GE Aircraft Engines superar a concorrência, seu modelo de adicionar serviços a produtos tornou-se uma prática recomendada para outras empresas do grupo, que agora adicionam serviços de maior margem de lucro ao seu mix de produtos.

Esse também é um exemplo de como desenvolver escala e escopo e então aprender como alavancar o crescimento. A posição número um da GE Aircraft no mercado, combinada com crescimento orgânico e produtividade simultânea, deu-lhe o poder para fazer aquisições na área de serviços.

Mas a única maneira de esse crescimento ocorrer é fazer que todos na organização acreditem que ele é possível. Cabe à liderança da organização criar a mentalidade certa.

# 4

# Liderança para crescer: confrontando o inimigo interior

**Todo líder** — aqueles encarregados por produtos específicos, os chefes de unidades de negócios, o CEO — precisa de uma agenda de crescimento e da capacidade de comunicar uma urgência sobre a necessidade de aumentar a receita e desenvolver o negócio. Eles precisam fazer isso para que as pessoas orientadas à ação na organização descubram o que precisa ser feito hoje para ajudar a empresa a tornar-se melhor amanhã.

Sem essa liderança, a organização entra em estagnação e seus funcionários acabam frustrados. É a razão pela qual Bill Carter, gerente da loja Furniture Globe, caso discutido no Capítulo 1, jogou no chão um exemplar do *Wall Street Journal*, suspirou, levantou-se e olhou pela janela sobre a pia da cozinha.

Seu primeiro pensamento foi um sarcástico "com certeza foi legal da parte deles nos informar antecipadamente". Então, se sentindo traído, começou a pensar como ele daria a notícia para os funcionários da loja e imaginou se a notícia chegaria antes de ele entrar no escritório. (E provavelmente chegaria. Quando se trata de más notícias, a boataria é incrivelmente eficiente.)

O problema era simples. O novo chefe de Carter, Dave Duncan, vice-presidente executivo do conglomerado que tinha adquirido a Furniture Globe, disse ao *Journal* que a empresa estava prestes a realizar sua terceira rodada de "grandes cortes de custos" em menos de dois anos, porque "simplesmente não há crescimento no mercado de móveis. Todo o segmento está parado".

A avaliação de Duncan, de que "somos uma empresa madura, e o crescimento é lento porque o aumento populacional e a renda pessoal estão estagnados", enfureceu Carter. Todo dia ele via o crescimento da comunidade hispânica em ascensão em Miami, a parte do mercado que a loja atendia.

Talvez o setor como um todo estivesse estagnado, mas a comunidade hispânica de Miami é um segmento distinto que poderia alcançar um crescimento significativo. Se a empresa pudesse lhe dar um pouco mais de recursos, ou simplesmente deixá-lo novamente ter liberdade de ação para prospectar itens de interesse para vender aos clientes, ele sabia que conseguiria obter receitas adicionais.

O que não foi dito no artigo do *Journal* era que os bônus de Duncan e de outras pessoas na matriz estavam vinculados apenas ao aumento das margens de lucro e do fluxo de caixa, algo relativamente fácil de alcançar por meio de controle trimestral dos custos e a redução do estoque. A maneira como os bônus estavam determinados definiu a atitude do CEO em relação à cadeia de comando.

Para Carter, parecia que Duncan dizia que "o crescimento está além do nosso controle", e que a alta administração criava uma profecia autorrealizável. Depois que você pega esse caminho, Carter pensou, mais cedo ou mais tarde voltará sua atenção para o corte de custos, e esse já era o assunto número um quando começaram as reuniões regionais. Quase 90% do tempo nessas reuniões de dois dias foram gastos falando sobre como reduzir substancialmente o estoque e cortar os custos de mão de obra contratando funcionários de meio período, e sobre como a redução drástica do orçamento para publicidade local não era um grande problema.

O contexto e o tom das reuniões trimestrais mudaram drasticamente, pensou Carter. "Costumávamos falar de como as necessidades dos clientes estavam mudando, quais novos produtos pareciam promissores, se havia maneiras melhores de exibir o que temos para vender e como podemos recompensar nossos melhores vendedores", explicou ele quando sua esposa perguntou-lhe o que o deixara tão chateado. "Tudo nessas reuniões costumava ser sobre como vender mais. Estávamos obcecados com isso. Se tivéssemos a chance de aumentar os preços, não faríamos isso deliberadamente. Pensamos — corretamente — que manter os preços baixos levaria ainda mais clientes às lojas. Agora tudo o que falamos é dinheiro, custos e fazer mais com menos".

Esse tipo de mentalidade, Carter sabia intuitivamente, nunca levou à criação de uma empresa dinâmica no longo prazo.

"Por que eles não entendem?", sua esposa perguntou.

"É uma excelente pergunta", disse ele. "Talvez tenhamos encontrado o inimigo, e ele somos nós".

## TORNANDO-SE UM LÍDER PARA O CRESCIMENTO DAS RECEITAS

É claro que o líder de uma corporação ou unidade de negócio determina a estratégia, posiciona o negócio, garante que as necessidades dos clientes sejam atendidas, desenvolve e inspira as pessoas. Mas se o líder não está ligado a projetos de crescimento e produtividade e não está estabelecendo uma conexão entre eles, então, de fato, "o inimigo somos nós".

Ao discutir o papel do *líder*, é fácil supor que estamos focalizando o CEO. E, obviamente, ele é um fator importante, já que terá um grande impacto sobre a mentalidade corporativa. Mas por líder também estamos falando dos chefes das unidades de negócio individuais, a pessoa responsável por produtos ou áreas específicas como marketing, logística e líderes de equipes interdepartamentais.

*Todo líder* deve estar verdadeiramente comprometido com o crescimento. Parte de sua função é "dar o exemplo", agindo de modo a enfatizar a importância do crescimento e comunicar constantemente sua urgência a todos na empresa. Isso inclui obter consistentemente informações sobre as necessidades dos clientes diretamente, que não tenham sido filtradas pela hierarquia corporativa, e transmiti-las a todos sob sua responsabilidade.

Isso é algo que Sam Walton fez durante toda sua vida. Ele visitava constantemente as lojas, e fazia muito mais do que simplesmente caminhar pelos corredores. Ele falava com os "associados" do Wal-Mart para descobrir o que ela estava vendendo e o que não estava vendendo e o que os clientes solicitavam que a loja não tinha; ele conversava com a gerência, é claro, mas também dedicava tempo para os clientes e fornecedores e visitava as lojas dos concorrentes (frequentemente sendo expulso, depois que era reconhecido).

Walton tentava obter informações não filtradas sobre o que acontecia. (e seus sucessores seguiram as mesmas práticas) Quase toda pergunta que ele fazia, e quase todas as ações que ele tomava, era para descobrir como manter seus clientes fiéis (para que eles comprassem mais) ou para descobrir o que o Wal-Mart poderia fazer para aumentar as vendas.

E Walton não parou por aí. Ele montou um sistema social para garantir que os 30 gerentes regionais fizessem o mesmo. Toda semana, cada um deles visitava nove lojas do Wal-Mart e seis outras do restante da concorrência. Eles se reuniam com o pessoal de merchandising, publicidade, finanças e logística para discutir o que aprenderam sobre a concorrência, clientes, produtos, o que estavam vendendo, o que não estavam vendendo e que estava fora de estoque. Eles resolviam conflitos aqui e ali e tomavam decisões sobre o que poderia ser feito para estimular as vendas.

## Transmitindo as informações



Depois que as informações sobre os clientes são coletadas, elas têm de ser comunicadas internamente e então acompanhadas para certificar-se de que são usadas para desenvolver e promover a agenda de crescimento.

Por exemplo, na Sterling Commerce, em Columbus, Ohio, líder mundial de soluções de softwares e serviços para e-business, o presidente e CEO, Samuel R. Starr, realiza uma reunião com todas as pessoas seniores às segundas-feiras de manhã, entre às 9 e 10 horas. (Aqueles que não podem estar fisicamente presentes na sede participam via teleconferência.) A única finalidade das reuniões: aumento de receita. A discussão se concentra nos projetos que estão em andamento, o que a Sterling faz para que os clientes gastem mais e quais seriam os novos produtos a empresa deveria oferecer.

Essas reuniões resolvem um problema comum. "Antes, a equipe de gerência nunca tinha as melhores informações sobre clientes e concorrentes", diz Starr, cuja empresa é uma subsidiária integral da SBC Communications. "O que acontecia na empresa era filtrado e passava por várias camadas, e as pessoas muitas vezes ficavam receosas de falar quando tinham problemas. Como resultado, esperávamos obter receitas de negócios que eram problemáticos, um fato que só percebíamos muito tempo depois quando o negócio não era fechado".

"Agora, trabalhamos a partir de uma agenda em tempo real", diz Sterling. "Se houver um problema para fechar um negócio — por exemplo, quando o departamento jurídico e a equipe de vendas têm problemas para compor as cláusulas — falamos aqui e agora não apenas sobre qual é o problema, mas exatamente como e quando vamos solucioná-lo, e as pessoas na próxima reunião dão um feedback. Recebemos informações reais em tempo real. Como resultado do trabalho em conjunto, entendo diretamente o que precisa ser feito, e não apenas o que as pessoas querem que eu ouça. Há responsabilidade e como todo o pessoal de alto escalão está presente, as paredes entre os departamentos são eliminadas". Nunca a Sterling Commerce fechou negócios tão rapidamente. Quando as pessoas veem que o líder é exigente, receptivo e age sobre esse fluxo de informações, elas sabem que ele leva o crescimento a sério.

Sam Starr e os funcionários obtiveram nova energia, aumentando as receitas e reduzindo o tempo necessário para fechar negócios. Esse crescimento de receita foi alcançado sem aumentar os custos. O ritmo semanal do sistema social que eles desenvolveram sincronizou o alinhamento e as prioridades das funções não relacionadas a vendas, como finanças, jurídico e desenvolvimento de produtos. O processo os tornou individual e coletivamente centrados no cliente.

## Ações falam mais que palavras

Empresas inteiramente focadas em custos e produtividade começam a encarar o fato de que também precisam crescer. David Cote, nomeado CEO da Honeywell International, em 2004, transformou o vínculo entre crescimento e produtividade em uma parte importante da sua plataforma de liderança, pedindo que todos os líderes dedicassem 30% do tempo deles ao crescimento das receitas. Para sublinhar a mensagem, Cote tornou o crescimento o tema central em todas as reuniões da gerência sênior. A cada seis a oito semanas, os gerentes seniores passaram a participar de uma reunião, dedicada exclusivamente ao crescimento — e tanto eles como Cote visitam regularmente os clientes.

Tornou-se comum dizer: "Visitei um cliente". Mas quando os melhores líderes visitam um cliente, eles procuram conhecer as oportunidades de que os clientes dispõem e as ameaças que enfrentam. Eles não precisam perder tempo na reunião compreendendo as condições do ramo do cliente. O líder está lá para conversar, face a face, e oferecer toda a ajuda que puder. Sim, claro, ele usa a reunião para resolver qualquer problema que possa existir, mas o objetivo real é procurar maneiras de ajudar o cliente a aumentar suas receitas. Ao longo do tempo, essa abordagem ajudará você a descobrir oportunidades para o aumento de sua própria receita.

## A tirania das profecias autorrealizáveis

Quase toda organização (incluindo a sua?) que teve problemas para fazer as receitas aumentarem tenta explicar por que a falta de crescimento não foi culpa dela. Os argumentos normalmente baseiam-se na sabedoria convencional comungada por uma empresa ou por um ramo de atividade como um todo. E pode ser verdade que uma empresa — ou mesmo todo um setor, ou até mesmo todo um país — esteja em recessão, mas isso não significa que não haja oportunidades de crescimento.

As vendas totais no seu setor talvez tenham alcançado US$ 30 bilhões no ano passado, e vamos supor que elas sejam de US$ 30 bilhões este ano. Mas por que você está se comparando com a média? Em todos os setores há segmentos que crescem e declinam. A questão, claro, é se você pode entrar nos segmentos que estão crescendo. Investigue como os outros protagonistas da sua indústria estão conseguindo aumentar as receitas. O que eles fazem para segmentar e ressegmentar a indústria a partir de ângulos diferentes? O que eles veem que você não vê? (Discutiremos a segmentação em mais detalhes no Capítulo 7.)

Quando a alta gerência acha que não há crescimento, racionalizando que "estamos em uma indústria madura", a profecia autorrealizável começa a dominar.

Ao ouvir pessoas dizendo algo como "nenhuma empresa no setor de móveis está crescendo", elas podem estar envolvidas numa "distorção psicológica". As pessoas veem o que querem ver, procurando uma desculpa que explique sua incapacidade de aumentar as receitas. Por exemplo, o chefe de Bill Carter, Dave Duncan, claramente ignorou o fato de que outros varejistas de especialidades estão de fato crescendo, e que há um crescimento substancial no Sudeste.

As pessoas em Detroit costumam dizer que o crescimento da indústria automobilística é anêmico, mas a Toyota continua a ganhar participação lucrativa de mercado quase todos os anos nos Estados Unidos. É um sinal claro de que a pessoa está tentando fugir do problema quando fala generalidades ("ninguém está crescendo") em vez de se envolver nas especificidades.

As empresas líderes em seus setores talvez tentem justificar a falta de aumento de receita dizendo "somos tão grandes que não há lugar para crescermos". Esse normalmente não é o caso. Como Larry Bossidy, ex-CEO da Honeywell International, disse: "nunca um mercado está totalmente explorado". Você sempre pode segmentar e ressegmentar para descobrir mais oportunidades. Também é possível ampliar o escopo do mercado que você precisa atender para ganhar uma fatia maior da carteira do cliente, como mostramos na batalha entre a Coca e a Pepsi no mercado não relacionado a refrigerantes.

## Como lidar com riscos

Quando falo com gerentes de nível médio, frequentemente ouço-os expressar frustrações dizendo que as pessoas acima deles não sabem como lidar com riscos. A queixa comum é de que todos são avessos a riscos.

Riscos são inerentes quando tentamos fazer algo novo e, por definição, aumentar a receita exige novas maneiras de pensar. As pessoas muitas vezes não avaliam adequadamente as potenciais recompensas de assumir um risco. Elas também não sabem pesar riscos e benefícios.

Suponha que você descobre que uma potencial iniciativa de crescimento oferece alto risco e alta recompensa? Então, você faz a próxima pergunta: "Se assumirmos esse alto risco e falharmos, vamos falir?". Talvez você não queira ir em frente se a resposta for sim — mas poderia, às vezes *vale* a pena apostar toda a empresa em uma nova ideia — mas você sempre vai querer controlar o que está enfrentando. Você também quer saber como reduzir o risco, moldá-lo e gerenciá-lo.

Se o risco não for do tipo "apostar a empresa", você então perguntará, "se falharmos, isso nos colocará em uma grande desvantagem competitiva?". Se não houver esse risco, você cava um pouco mais e tenta descobrir como isso prejudicará a organização se a ideia não funcionar.

Convencido de que o risco vale a pena, então você explora mais e determina se o projeto é muito arriscado, dada a ameaça ao portfólio de investimento da sua empresa, e decide se ele levará a empresa ao precipício. Se você ainda quiser assumir o risco, pode perguntar se compartilhar o risco por meio de uma aliança seria uma opção aceitável.

Por exemplo, a Warner Lambert apostou sua sobrevivência no Lipitor, um medicamento contra o colesterol. Não há garantias de que o desenvolvimento de qualquer medicamento será lucrativo. As empresas farmacêuticas não sabem se a descoberta receberá aprovação da FDA. E mesmo se isso acontecer, não há certeza de que ela pagará o investimento necessário para descobrir e produzi-lo. A alta gerência decidiu reduzir o risco compartilhando-o com a Pfizer. Em troca de US$ 250 milhões e recebendo ampla cobertura de vendas adicional após o lançamento do medicamento, a Warner Lambert compartilhou uma percentagem dos lucros futuros com a Pfizer. Ninguém esperava que o Lipitor fosse um dos medicamentos mais vendidos de todos os tempos. Ele foi um sucesso tão grande que o preço das ações da Warner Lambert quadruplicou, até sua aquisição pela Pfizer.

## A premissa básica

Depois que você tem uma boa compreensão da relação risco/recompensa, faz a pergunta mais crítica de todas, aquela que leva para aquilo que chamo de premissa básica: "Que premissa, caso esteja errada, poderia fazer todo o projeto fracassar?". Ao fazer essa pergunta, você está tentando descobrir a premissa básica de todo o projeto.

A premissa básica pode ser externa. Por exemplo, "temos uma tecnologia comprovada que os clientes querem e vão comprar. Mas se eles não comprarem, isso será nossa ruína". A Iridium era um empreendimento de telecomunicações envolvendo 77 satélites, concebidos, moldados e lançados pela TRW, Motorola e Boeing. A Celestial Satellite Network da Iridium supôs que os consumidores iriam querer e pagar por um celular que funcionasse em qualquer lugar do mundo. O sucesso dependia de três premissas básicas. A primeira era de que "o cachorro comeria a comida para cachorro", isto é, que a qualidade e o preço do celular seriam os que os clientes quereriam. Segundo, que haveria clientes suficientes no mundo todo. E terceiro, que todas as licenças seriam aprovadas pelos requisitos governamentais. Embora eles tivessem obtido as aprovações regulatórias necessárias, as duas primeiras premissas não se sustentaram. As perdas financeiras para as empresas envolvidas chegaram a centenas de milhões de dólares, e o empreendimento está quase agonizando.

A premissa básica pode ser ampla — "*sabemos* que os consumidores querem X" — ou ela pode ser incrivelmente pequena — "Fred é a chave para toda essa iniciativa; se ele morrer ou for contratado por concorrente, o projeto falhará". Mas independentemente de qual seja a premissa básica, sempre há uma suposição fundamental. Você tem de determinar qual é essa suposição, e decidir se tem o risco específico sob controle.

A habilidade de avaliar riscos definitivamente precisa ser trabalhada se seu pessoal não os está assumindo. E certamente ela precisa estar desenvolvida antes que os funcionários comecem a criar castelos no ar como o projeto Iridium.

A avaliação de riscos é um trabalho árduo e requer analisar o mercado de fora para dentro, perguntando: Qual é o risco no mercado? Quais são os riscos que não podemos controlar? Sem a abordagem de fora para dentro, você enfrentará muita dificuldades para fazer a empresa crescer.

As pessoas também têm problemas para lidar com riscos porque seus líderes podem estar transmitindo a mensagem errada. Esse poderia ser o caso se você entreouvir as pessoas na organização dizendo coisas como: "O cara na alta gerência não quer se arriscar".

Eles poderiam chegar a essa conclusão prestando atenção a todas as perguntas que você faz quando alguém apresenta uma nova ideia. Você sabe que está apenas explorando para descobrir onde as potenciais minas terrestres estão, quando se pergunta sobre os riscos de mercado, premissas básicas e coisas semelhantes. Mas talvez eles não saibam disso. Você sabe que simplesmente está fazendo seu dever de casa. Mas as pessoas dentro da empresa poderiam somar as perguntas feitas e concluir que você acha que a iniciativa que eles estão propondo é muito arriscada.

E se você sempre fizer a investigação necessária — e deve fazê-la — arguindo sobre potenciais riscos e recompensas, sempre que alguém propõe uma ideia nova, os funcionários poderiam concluir que você acha que *todas* as iniciativas são muito arriscadas.

Você tem de deixar claro — todas as vezes — o motivo pelo qual está fazendo as perguntas.

Haveria uma razão para sua organização não assumir riscos? Talvez seu pessoal não tenha as habilidades para lidar com situações fluidas e, portanto, eles façam tudo o que podem para evitá-las. É necessário certa mentalidade e nível de segurança para lidar com os riscos de uma maneira bem-sucedida.

Isso é algo que os soldados sempre entenderam. Em toda academia militar, eles ensinam, "o plano de batalha é a primeira vítima da guerra".

O aforismo significa que, depois que a batalha começa, é quase certo que ela evolui de uma forma que ninguém poderia ter previsto.

A mesma coisa vale para os negócios. À medida que a empresa entra em uma nova área, é provável que a situação não se desenrole da maneira como você a esboçou. Se os funcionários não se sentirem à vontade com isso, eles tentarão evitar qualquer coisa nova. Se esse for o caso, você provavelmente terá que mudar seu pessoal.

Mas se tiver as pessoas certas, as que têm a mentalidade que se adequa melhor a essa situação, existem ferramentas específicas que você pode usar para gerar um crescimento lucrativo. Vamos discuti-las em seguida.

5

# Acelerando o crescimento lucrativo por meio da produtividade da receita

**A necessidade básica** da maioria das empresas hoje é acelerar as iniciativas de aumento da receita por meio de "jogadas simples", isto é, pequenas melhorias incrementais que se somam para formar uma "grande jogada". Essa busca é auxiliada pela produtividade da receita, uma ferramenta que mostra como aumentar as receitas sem usar uma quantidade desproporcional de recursos. A ferramenta de produtividade da receita transforma a mentalidade voltada para a redução de custos em pensamento e ação voltados para o aumento da receita. Essa transformação ocorre analisando-se tudo o que uma empresa faz, desde tarefas diárias mais triviais até aquilo que é vitalmente importante. Na verdade, ela vira seu pensamento sobre produtividade de cabeça para baixo, como ilustraremos com a experiência de uma empresa de produtos médicos baseada em Chicago.

Depois de um longo período de estagnação, ela introduziu uma enxurrada de produtos inovadores no mercado. As receitas, porém, não aumentaram. O chefe de vendas pediu mais recursos para capacitar melhor sua equipe, a fim de vender mais dos novos produtos. Mas seu pedido foi negado. Como acontece na maioria das empresas, a pressão orçamentária trimestre por trimestre e as demandas de Wall Street pela demonstração de resultados fizeram com que ela hesitasse em colocar mais recursos no departamento de vendas. Também havia uma questão mais relevante que impedia que a equipe de vendas recebesse mais dinheiro. Jim, o CEO da empresa, queria saber se era uma questão de falta de recursos ou de qualidade da equipe de vendas e a maneira como ela foi implementada que estavam refreando as vendas. A pergunta estava na mente de Jim quando saí para jantar com ele, sua esposa, Linda e Bill, o COO da empresa.

No início da semana, a secretária de Jim reservou uma mesa para nós naquele que estava sendo anunciado como *o lugar* para comer em Chicago.

Agora, a única coisa que Jim gosta de fazer quase tanto quanto administrar sua empresa é torcer pelo Chicago Bears da National Football League. Naquele sábado, Jim ficou assistindo à partida da NFL, e só chegamos ao restaurante às 20h13. No momento em que o manobrista veio para estacionar o carro e já tínhamos passado pela *hostess*, era pouco depois de 20h15.

"Reserva para quatro", Jim disse, dando seu nome. Quando a *hostess* olhou para seu livro, Jim acenou para algumas pessoas que ele conhecia e percebeu que alguns clientes que ele não conhecia estavam olhando para ele. Isso se tornou comum, desde que ele tinha começado a aparecer em capas de revistas de negócios.

"Sinto muito, senhor", a *hostess* começou, não parecendo nada preocupada. "Tivemos de cancelar sua reserva".

"Você *o quê*?".

"A reserva era para as 20 horas, e agora são...", ela fez uma pausa para olhar para o relógio, "... 20h20. Como o senhor pode ver, estamos lotados e simplesmente não conseguimos reservar a sua mesa por mais tempo. Se você quiser esperar no bar, acho que haverá uma mesa disponível por volta das 22 horas".

Certamente não gostamos de ver nossa reserva ser cancelada, mas era menos *o que* a *hostess* disse do que a *maneira como* ela o fez. Sua atitude foi indiferente e insensível, sem mesmo se incomodar em ver se havia uma maneira de encontrar uma mesa para nos acomodar.

Incrédulo, Jim disse que ele conhecia um lugar melhor, um restaurante que ele só frequentava uma vez ou duas vezes por ano. Chegando lá, vimos que ele também estava lotado.

"Sinto muito, mas não temos uma reserva", disse Jim à *hostess*.

"Sem problemas", respondeu ela, "dê-me um minuto". Ela pediu a dois ajudantes para montar uma mesa para quatro atrás do bar e, em três minutos, nós estávamos sentados em um espaço que parecia nos aguardar.

Ainda irritado com a interação desagradável com a primeira *hostess*, Jim teve uma súbita epifania ao começar a beber seu segundo drinque. Talvez o que ele tivesse acabado de experimentar no primeiro restaurante pudesse explicar os problemas de aumento da receita da sua própria empresa. Talvez os vendedores, assim como a *hostess*, estivessem limitando o crescimento lucrativo da receita. O pessoal de marketing e P&D apresentavam novos produtos inovadores, mas as vendas não cresciam correspondentemente. Quanto mais ele pensava nisso, mais ele via o mesmo tipo de arrogância ("estamos lotados, você está atrasado, a culpa é sua") na sua equipe de vendas ("somos os melhores, temos a maior fatia do mercado").

## Um olhar diferente para a produtividade

A produtividade de custos tradicional está quase sempre voltada para a redução de despesas. A produtividade da receita, por outro lado, aumenta as receitas a partir do mesmo nível de custos. Alternativamente, pode-se aumentar a receita significativamente sem incrementar as despesas em um nível proporcional. Aumentar a produtividade da receita fornece a base para investir mais recursos a fim de alcançar maior crescimento.

A busca pela produtividade da receita envolve a análise de tudo o que uma empresa faz todos os dias, desde a forma como o call center de uma empresa funciona, por exemplo, ou como uma *hostess* trata os convidados em um restaurante, até o que é obviamente importante. Alguns exemplos deste último aspecto incluem o exame da eficácia da geração de receitas da equipe de vendas e da sua gerência de vendas, logística, estrutura de preços e o sistema social de lançamentos de produtos para alcançar mais rápido um *pico lucrativo na participação de mercado*.

A produtividade da receita requer uma psicologia diferente. Por exemplo, a mentalidade das pessoas no call center muda, deixando de enfatizar a quantidade de chamadas que podem ser atendidas em um dia — o que significa "a rapidez com que conseguimos liberar uma linha" — para dar importância ao tom de voz que faz o cliente se sentir que é bem-vindo e que os problemas serão resolvidos satisfatoriamente. Ela transforma o cliente de um potencial reclamante em alguém que faz propaganda boca a boca positiva, e que provavelmente realizará novas compras no futuro.

A discussão entre mim, Jim, Linda e Bill sobre as implicações do comportamento da *hostess* no primeiro restaurante continuou durante o jantar e no dia seguinte. Jim começou a perceber que, no seu caso, o aumento da receita tinha pouco a ver com a quantidade de recursos investida na equipe de vendas. Dada sua qualidade, composição e a forma como era administrada, o dinheiro adicional realmente não ajudaria. Jim, porém, tinha um bloqueio psicológico para enfrentar o problema. Muitos dos vendedores trabalhavam com ele desde a fundação da empresa, havia mais de vinte anos.

A fim de ajudar Jim a avaliar a eficácia da equipe de vendas para gerar receitas, perguntei, em uma escala de um a dez (com dez sendo o melhor), como ele classificaria a correspondência entre as metas de vendas de novos produtos e as habilidades atuais da equipe de vendas. Jim respondeu que "cerca de 15% da equipe é excelente. Eles são superastros, merecem notas 9 ou 10. Cerca de 35% provavelmente receberia nota 2 ou 3. Suas habilidades estão obsoletas no contexto do novo jogo, que exige uma nova forma de vender e desenvolver relacionamentos. Os demais estão entre os superastros e os com baixo desempenho, e eu os avaliaria com mais ou menos 5".

Disse a Jim que ele teria de ser objetivo sobre se aqueles classificados como "5" tinham potencial profissional suficiente para aumentar substancialmente as receitas se recebessem treinamento e orientação. Então perguntei a Jim sobre a remuneração e ele disse que "os superastros ganham cerca de US$ 250 mil. A partir daí, a remuneração cai. Os vendedores com os salários mais baixos ganham cerca de US$ 100 mil". Então, Jim ficou impressionado com o óbvio. Um vendedor que ganhava US$ 250 mil era de uma espécie diferente. Ele e Bill, o diretor de operações, hesitavam em substituir os funcionários com baixo desempenho por superastros porque pensavam em maneiras tradicionais de gerenciamento de custos, especialmente tendo em conta o constrangimento porque eles passavam pelo fato de os novos produtos não venderem de acordo com a expectativa. Eles queriam manter as despesas em um patamar mínimo.

Um comprometimento com aumento de custos, a fim de aumentar a receita, sempre resulta em um nível de incerteza. Isso era especialmente verdadeiro para Bill, o diretor de operações, pela sua experiência em chão de fábrica, onde ele procurava economizar cada centavo e havia conseguido melhorar significativamente a posição de custo da empresa. Encontrar outros superastros em um período razoável e assimilá-los adequadamente era outra fonte de incerteza. O fato de Jim compartilhar parte de sua vida profissional com muitos dos vendedores notas 2 e 3 também contribuía para aumentar sua angústia. Esse pessoal havia ajudado a ampliar o negócio no passado, e Jim se sentia em dívida com eles. Apesar da incerteza, Jim tomou a decisão de seguir em frente. Seu primeiro passo foi realizar uma mudança na gerência de vendas. Eles, por sua vez, melhoraram a qualidade, a composição e a organização da equipe de vendas, de modo a sintonizá-la com a nova realidade. A mudança no mix de competências do pessoal de vendas e sua atuação mais efetiva estavam agora impulsionando o aumento da receita.

Embora os custos absolutos estejam aumentando com a adição de mais superastros altamente remunerados, o crescimento das receitas mais do que compensou o aumento das despesas.

A atitude inadequada da *hostess* do restaurante em relação aos clientes afeta negativamente a produtividade da receita. Agora, veja o efeito disso, ampliado várias vezes, sobre uma equipe de vendas que ficou desmoralizada por causa do corte de custos em todos os níveis e você terá territórios muito grandes para cobrir e produtos demais para vender. Metas de custo são alcançadas, mas o resultado final é uma redução desproporcional das receitas, lucros e participação no mercado.

Suponha que a equipe de vendas gere US$ 250 milhões em receitas e o custo dos vendedores seja de US$ 50 milhões anuais, incluindo todas as despesas (salários, comissões, bônus e seguro de saúde). Digamos que outros US$ 20 milhões sejam gastos com supervisão e suporte.

Na tentativa de aumentar a produtividade, a primeira reação típica é cortar custos. Talvez você possa obter esses mesmos US$ 250 milhões em vendas gastando apenas US$ 65 milhões, cortando alguns vendedores e expandindo os territórios de outros. Você economizaria US$ 5 milhões, mas a empresa absolutamente não cresceria. Talvez pior, são pequenas as chances de que outros US$ 5 milhões possam ser cortados no próximo ano.

Em contraposição, a produtividade da receita começa com a pergunta: Podemos aumentar nossas vendas lucrativas? No caso da equipe de vendas, por exemplo, há como pegar parte dos US$ 20 milhões gastos em suporte e alocar esse dinheiro de forma diferente, dando, por exemplo, assistentes aos representantes para que lidem com a papelada e, assim, permitir que eles aumentem o número de chamadas de vendas? Ou existem técnicas de prospecção, como listas de clientes em potencial muito bem selecionados ou manuais de técnicas de vendas, que permitam fazer prospecções mais qualificadas?

Bob Whitman, diretor executivo da Franklin Covey, e sua equipe trabalham com várias empresas líderes no setor farmacêutico. Os membros da equipe de vendas do líder do setor visitavam pessoalmente, em média, 570 médicos por ano, enquanto outra empresa líder, que estava ansiosa por aumentar suas receitas, fazia menos de 20% desse número.

Por que a discrepância? Bem, em primeiro lugar, embora a segunda empresa achasse que a prioridade era aumentar o número de visitas aos médicos, não há como comprovar isso com uma pesquisa da equipe de vendas. Eles informaram que aumentar o número de visitas aos médicos era apenas uma de uma série de coisas que a empresa havia solicitado que eles priorizassem. Na verdade, menos de 15% considerou a determinação como uma prioridade pessoal.

Mas, mesmo quando eles queriam aumentar o número de visitas, os vendedores disseram que ficavam atolados na papelada, tinham uma área muito grande a cobrir e que praticamente não havia uma proposta de valor diferenciada para oferecer aos médicos. Enquanto a empresa farmacêutica líder podia oferecer tudo aos médicos — desde estudos clínicos sofisticados sobre os resultados dos medicamentos que ela vendia até maneiras de aumentar a lucratividades das suas atividades —, os vendedores na segunda empresa não tinham esses recursos à sua disposição.

Munido desses resultados, a segunda empresa farmacêutica redimensionou os territórios de venda, reforçou a ajuda à equipe de vendas e deixou claro para os representantes que aumentar o número de visitas de vendas era a prioridade número um. Em pouco tempo, os efeitos já eram visíveis. O número de visitas de vendas por dia subiu e, nesse nível, quando somado a toda a empresa, o aumento nas receitas deve chegar a um bilhão de dólares anualmente. E o que é mais importante, do ponto de vista do posicionamento competitivo, é que isso vai melhorar a participação no mercado dessa empresa farmacêutica que já havia se tornado um dos líderes do mercado.

Outro fator importante para a produtividade da receita e a geração de receitas, dada a complexidade cada vez maior das vendas corporativas (B2B), é a configuração da equipe de vendas. A configuração deve enfatizar a regionalização geográfica ou ser organizada por segmentos (indústria ou ramo de atividade) de clientes? O primeiro tipo de configuração quase sempre acontece com base na produtividade de custos, o segundo, na produtividade da receita. Organizar por segmento de clientes quase sempre tem um custo mais alto, mas os resultados podem recompensar.

À medida que as ofertas de uma empresa tornam-se mais complexas e o mix de clientes e nichos de mercado tornam-se mais fortes, chega um momento em que você precisa avaliar seriamente como organizar a equipe de vendas por segmento de clientes. Louis Gerstner usou essa abordagem para ajudar a revolucionar a IBM. Tendo sido um cliente da IBM quando era CEO da American Express, Gerstner sabia que um vendedor não pode entender verdadeiramente os problemas e as oportunidades de mais de um setor, especialmente quando ele tem de vender soluções. Os clientes de hoje exigem que o vendedor conheça o setor suficientemente bem para dar ideias relevantes e inovadoras. A equipe de vendas, portanto, precisa se especializar. No caso da IBM, isso significou que Gerstner a reconfigurou ativamente para atender setores específicos, como serviços financeiros ou telecomunicações.

Organizar a equipe de vendas por setor não é prerrogativa apenas de empresas da Fortune 100, como a IBM. A NDC Health, uma empresa de serviços de informações na área de saúde com sede em Atlanta, organizou a equipe de vendas de acordo com seus quatro segmentos de clientes: médicos, farmácias, hospitais e empresas farmacêuticas. Veremos os resultados um pouco mais adiante.

## Uma mentalidade diferente

O que fica claro é que obter produtividade da receita requer uma mentalidade corporativa diferente daquela voltada unicamente para a produtividade dos custos. Aqui, o que você gasta é menos importante do que a maneira como você gasta e as receitas que isso gera. E, assim como você faz com que todos se concentrem nos cortes de custo, é preciso que todos focalizem a produtividade da receita.

Quando as receitas começam a secar, há uma mentalidade consolidada que diz: "precisamos encarar os fatos". O pensamento torna-se: Sem mais contratações de ponta, temos de nos virar com o que temos — e talvez até com menos. A tendência é cortar, e muitas vezes os cortes são feitos nas áreas mais cruciais — pessoas que têm contato direto com clientes, funcionários que podem descobrir necessidades de mercado não satisfeitas.

Os gerentes que fazem esses cortes frequentemente justificam essas iniciativas dizendo que eles estão apenas tentando manter o retorno sobre o investimento (ROI) da empresa. Mas eles não conseguem ver uma alternativa.

O ROI de uma empresa nada mais é que um índice: quanto uma empresa ganha dividido por quanto ela gasta. A fórmula é:

$$\text{Retorno sobre investimento} = \frac{\text{ganhos}}{\text{investimento}}$$

Aqueles que cortam custos tentam aumentar esse número reduzindo o denominador, isto é, quanto eles investem. Mas você pode obter o mesmo resultado mantendo o mesmo nível de investimento e aumentando o quanto ganha. Essa simples mudança de foco é tudo a que se resume a produtividade da receita.

Quando alguém se compromete com a produtividade de custos — isto é, cortar despesas para aumentar o lucro líquido — o resultado é determinista ("vamos cortar custos") e certo. Você sabe quando concluiu sua missão. Você a finaliza quando X por cento dos custos foram cortados do orçamento.

Quando você se compromete com a produtividade da *receita*, a coisa não é tão clara. E esse problema pode preocupar algumas pessoas. Certamente ele afligiu os funcionários que trabalham para Jim quando souberam do plano para reestruturar a gerência de vendas e contratar vendedores superastros.

Quando circulou a notícia de que Jim deveria substituir a maior parte da equipe de vendas por superastros que ganhariam US$ 250 mil por ano, uma das executivas estava indecisa. Como a empresa poderia ter certeza de que essas novas contratações produziram os resultados esperados? A resposta obviamente foi de que não havia garantias. Mas os gerentes são pagos para definir o que precisa ser feito e então se certificar de que tudo *seja feito*. Nesse caso, muitos dos vendedores não tinham as habilidades necessárias para vender a nova linha de produtos, e a função da gerência é resolver o problema.

Boa parte deste capítulo foi dedicada a usar o exemplo de como a equipe de vendas de uma empresa pode aumentar a produtividade da receita. Mas a utilidade da ferramenta se estende a todas as partes do negócio. Por exemplo, as pessoas responsáveis pelo sistema de logística de um varejista desempenham um papel importante para garantir que um produto popular nunca falte no estoque. Se você não tiver o produto certo quando o cliente o quiser, obviamente não poderá vendê-lo. E provavelmente ele não voltará, e a venda será perdida.

Os gerentes responsáveis pelo lançamento de produtos podem dedicar tempo para alcançar a participação de mercado de pico lucrativa. Por exemplo, o sucesso ou fracasso de filmes *blockbuster* se fundamenta menos na rapidez com que eles podem ser produzidos e lançados ("tempo de colocação no mercado") e mais no sucesso de bilheteria durante o primeiro fim de semana nos cinemas. A produtividade da receita exige que os estúdios de cinema façam grandes investimentos em propaganda e publicidade para garantir que o filme tenha uma grande estreia, isto é, que ele gere receitas substanciais durante os primeiros dias de exibição. Esse momento de pico da participação no mercado gera as melhores receitas, lucros e fluxo de caixa. Isso obriga você a pensar sobre o tempo certo de lançamento, de modo a chegar ao mercado em um momento e em um espaço que o torne menos vulnerável à concorrência.

Mas a produtividade da receita não precisa ser tão retumbante como o lançamento de um filme como *O Exterminador do Futuro* ou *Matrix*. Pode ser tão simples quanto o recepcionista lembrar o hóspede de que o hotel oferece serviço de lavagem a seco em duas horas. E a produtividade da receita pode ser tão básica quanto pedir que um técnico de plantão examine a casa do cliente para ver se outros aparelhos precisam de manutenção ou devem ser substituídos (e certificando-se de que ele comunique essas informações para o departamento certo).

A produtividade da receita é obrigatória para todas as empresas, mas é uma necessidade absoluta para aquelas com estruturas de baixas margens e altos custos fixos, como o setor automobilístico. Se uma empresa como a GM só focalizar a redução de custos, sem gerar receita adicional, não haverá lucro suficiente para investir na modernização da linha de produtos.

## Vamos revisar

A produtividade da receita, assim como o crescimento geral da receita, começa com o entendimento de que vender mais é tarefa de todos. Aqui, porém, é preciso pensar de uma maneira diferente. Tradicionalmente, os gerentes procuram cortar custos para aumentar os lucros. Com a produtividade da receita, os custos podem não subir, e as receitas aumentam significativamente. Quando o nível de custos realmente aumenta, o nível de receitas cresce proporcionalmente mais.

A produtividade da receita é imperativa, e todos podem contribuir. A liderança precisa enfatizá-la, falar sobre ela diariamente, e os chefes de departamento devem reproduzir isso. O orçamento para crescimento, o conceito que vamos discutir a seguir, pode ser uma grande ajuda nesse sentido.

# 6 Construindo um orçamento para crescimento

**Todo mundo nos negócios** quer um crescimento lucrativo das receitas, mas poucos gerentes entendem explicitamente o que eles estão gastando para alcançá-lo (se é que estão gastando algo). Conhecer a percentagem das receitas que a empresa gasta hoje para gerar receitas para curto (este ano), médio (2 a 5 anos) e longo prazos (5 anos ou mais) é a base para o conceito do orçamento para crescimento. Essa nova ideia que desenvolvi ao trabalhar com meus clientes é uma maneira dedicada de financiar o crescimento por meio da disciplina, do processo e do acompanhamento para torná-lo uma realidade. Também é uma ferramenta eficaz para alocar recursos a fim de fazer trocas entre objetivos de curto prazo e longo prazo.

As empresas são compostas de feudos — os departamentos de marketing, produção e operações, pesquisa e desenvolvimento, vendas etc. — que normalmente não estão interconectados de uma maneira eficaz para obter aumento da receita. Como o CEO de uma empresa de serviços financeiros disse-me certa vez, cada um dos gerentes de linha de produtos (por exemplo, as pessoas que projetam e desenvolvem produtos como fundos de investimento) ou cada um dos gerentes dos canais de distribuição (as pessoas que vendem os fundos mútuos para consumidores e investidores institucionais) tem um plano próprio de crescimento, independentemente do fato de precisarem e dependerem uns dos outros para desenvolver e vender produtos e, assim, expandir o negócio. Embora o gerente de desenvolvimento de novas ofertas de ações precise da pessoa que administra o canal de distribuição de varejo para vender os produtos para os clientes, cada um tem liberdade de ação quando se trata de aumentar as receitas. Às vezes, por acaso, partes dos diferentes planos se mesclam. Mas muitas vezes não.

O orçamento de crescimento é o veículo utilizado para superar esse obstáculo. Ele vincula esses feudos e faz os gerentes colaborarem uns com os outros. Criar um orçamento para o crescimento obriga os gerentes a discutir as prioridades de seus departamentos e, simultaneamente, a organizar os recursos da empresa como um todo, dedicados ao aumento da receita, e então tomar decisões para determinar as prioridades combinadas e o mix de recursos necessários para obter um melhor aumento da receita. É uma maneira diferente — e mais eficaz — de determinar como a empresa financiará o crescimento necessário.

A maioria das empresas tem um processo orçamentário disciplinado que requer um comprometimento em relação a receitas, custos, lucros e fluxo de caixa. O item orçamentário mais comum, relacionado ao crescimento, é pesquisa e desenvolvimento e, como quase 95% dos itens no orçamento, é considerado um item de custo. O crescimento, porém, requer que haja investimentos em mais do que P&D. E, quase sempre, esses recursos para o crescimento são distribuídos por todo o orçamento. Pior, não estão vinculados à geração de receitas em nenhum horizonte de tempo específico.

Digamos que uma empresa de software queira fazer um investimento significativo em um estudo sobre a maneira como o mercado está mudando; ou comprometer recursos para renovar a equipe de vendas para que ela tenha a capacidade de vender soluções, em vez de apenas simples aplicativos; ou suponha que uma empresa de produtos de consumo queira investir em um novo sistema logístico e em uma arquitetura de TI para monitorar as milhares de unidades de manutenção de estoque (*stock-keeping units*, SKUs), com a finalidade de melhorar o giro de estoque e o fluxo de caixa do cliente. São investimentos essenciais para o crescimento de médio e longo prazo, mas os recursos financeiros para fazer que os projetos aconteçam estão dispersos por toda a empresa, nos orçamentos departamentais. Agrupando-os em um orçamento para crescimento, a empresa pode tomar decisões disciplinadas e focadas sobre como investir os recursos para expandir o negócio. Orçamentos para crescimento são uma maneira fácil de monitorar o investimento da empresa no futuro. Afinal de contas, você gasta o dinheiro do orçamento para crescimento a fim de investir em projetos criados para aumentar as receitas futuras por meio de novos produtos ou serviços.

O orçamento para crescimento é um plano que não apenas estabelece a forma como a organização pretende buscar crescimento, mas também como ela se propõe a financiar essa busca. Ele deve ser transparente para todos na organização, de modo que cada funcionário saiba que há um comprometimento sério, em andamento, para encontrar receitas adicionais.

Esse compromisso falará mais alto que qualquer outra coisa que um líder poderia dizer sobre o que deverá ou não atrair sua energia e atenção. Isso diz a todos na organização o que o líder pensa que é importante (e, implicitamente, o que ele pensa que não é importante). O orçamento para crescimento explica como o líder financiará os projetos e as ideias que visam aumentar as receitas.

O orçamento para crescimento deve ser auditado em termos da qualidade e execução e ser revisado com a mesma intensidade que os de custos. Se US$ 1 milhão forem gastos na atualização da equipe de vendas, você precisará medir se esse dispêndio aumentará as receitas e as margens de uma maneira disciplinada, planejada.



## O orçamento para crescimento e o grande "ah-ha"

A utilidade de um orçamento para crescimento foi descoberta por Randy Jones, presidente de uma divisão de US$ 5 bilhões de uma empresa que já esteve na lista das 100 maiores da Fortune, durante uma reunião de revisão semestral do orçamento. Quando a reunião passou para a discussão do crescimento e planos para aumentar as receitas, Jones perguntou às nove pessoas que se reportavam diretamente a ele quanto cada uma pensava que a empresa gastaria para viabilizar o crescimento, naquele ano fiscal, independentemente de ele acontecer no curto, médio ou longo prazo. As respostas variavam de US$ 30 a US$ 100 milhões, com todos concordando que a resposta dada era pura adivinhação.

Jones ficou chocado com as respostas, uma vez que o número real era US$ 200 milhões. Ele percebeu que uma das razões pelas quais a empresa tinha dificuldade em crescer, apesar do volume de dinheiro gasto, era a falta de um processo que identificasse e priorizasse explicitamente os recursos dedicados ao crescimento. De fato, vários dos participantes da reunião reclamaram que a empresa não investia o suficiente em projetos de crescimento.

Jones pôde ver que todos os recursos dedicados ao crescimento estavam dispersos por diferentes funções e serviços do centro de custos da divisão. O orçamento tradicional não tornava esse número transparente, tampouco revelava o vínculo entre os custos incorridos e as receitas esperadas no curto ou longo prazo. Jones anunciou uma pausa de uma hora não programada na reunião, enquanto ele e o diretor financeiro da empresa analisavam todos os números relacionados ao crescimento que faziam parte do orçamento.

Quando a reunião recomeçou, ele mostrou especificamente como a empresa investia US$ 200 milhões em crescimento:

- » Pesquisas sobre tecnologias básicas para o crescimento de longo prazo estavam espalhadas pelos vários departamentos: US$ 50 milhões.
- » Melhoria da infraestrutura de TI para criar sistemas de logística e banco de dados mais centrados no cliente: US$ 60 milhões.
- » Desenvolvimento de produtos e extensões de produtos: US$ 70 milhões.
- » Treinamento e desenvolvimento da equipe de vendas para venda de soluções: US$ 10 milhões.
- » Criação de uma nova unidade para segmentação de clientes e pesquisa sobre consumidores: US$ 10 milhões.

Jones e sua equipe chegaram à conclusão de que não havia recursos suficientes para o crescimento, mas eles não alcançavam o crescimento necessário por causa da falta de foco, projetos em excesso e baixa qualidade de execução. Eles perceberam que tinham de criar um orçamento para crescimento que fosse uma seção identificável, separada do orçamento tradicional, e precisava ter a mesma disciplina e rigor de revisão que usufruia a parte de custos do orçamento. O financiamento para o crescimento da empresa seria então transparente para os funcionários, o diretor de operações e o diretor financeiro da empresa, e para Wall Street.

No orçamento para o crescimento, a abordagem explícita de planejamento e financiamento para gerar aumento da receita ajuda a manter os funcionários concentrados no que precisa ser feito para expandir o negócio. Para tornar o orçamento para crescimento um plano de ação real, deve-se começar com os seguintes passos:

» Desenvolver uma lista das fontes de crescimento e receita e classificá-las em curto, médio e longo prazo. Por exemplo, vamos supor que a L'Oreal esteja tentando aumentar as receitas no curto e no longo prazo, abocanhando uma fatia de mercado da linha de cosméticos Cover Girl da Procter & Gamble. Ela poderia alocar US$ 50 milhões adicionais por ano do orçamento para o desenvolvimento e publicidade de produtos. Uma fonte de médio prazo de aumento da receita para a L'Oreal poderia ser um acordo de dois ou três anos com o Wal-Mart a fim de ganhar espaço adicional de prateleira introduzindo produtos exclusivos da campanha do Wal-Mart para ganhar participação de mercado entre os hispânicos. A L'Oreal e o Wal-Mart trabalhariam em conjunto o design das embalagens e as características do produto e alocariam os recursos necessários no orçamento para crescimento. Uma fonte de longo prazo para o aumento da receita da L'Oreal poderia ser uma colaboração com uma empresa farmacêutica para desenvolver um ingrediente especial para tratamento da pele que exigiria a aprovação da FDA. Se bem-sucedido, esse novo produto poderia revolucionar o mercado de produtos de tratamento da pele e seria uma fonte de longo prazo para receitas sustentáveis, semelhante ao sucesso da Colgate com o Total no mercado de creme dental.
» Cada fonte de aumento da receita e o que seria necessário para fazê-la acontecer são priorizados e desenvolvidos em um projeto separado.
» Os custos associados a cada projeto seriam definidos trimestralmente. Se o custo total do projeto de longo prazo do produto de tratamento da pele da L'Oreal fosse US$ 10 milhões, o orçamento para crescimento identificaria quanto seria gasto tanto pelos centros de custos como pelas várias funções de negócio, como pesquisa, desenvolvimento de produtos, testes, aprovação pela FDA, marketing, publicidade e equipe de vendas.
» Identificar as pessoas que serão designadas aos principais componentes dos projetos de crescimento, suas responsabilidades e a frequência com que elas serão avaliadas.

## O que acontece se não houver um orçamento para crescimento?

Discutimos como um orçamento para crescimento pode ajudar a coordenar os esforços de uma empresa para aumentar as vendas. Ele também pode ser uma ferramenta maravilhosa para identificar deficiências nos planos de crescimento de uma empresa. De fato, bases instáveis de esforços excessivamente ambiciosos para aumentar as receitas se tornam evidentes quando uma empresa não tem um orçamento para crescimento. Por exemplo, recentemente o CEO de uma empresa US$ 12 bilhões anunciou que a empresa dobraria as vendas em cinco anos. Ele disse à diretoria que metade do crescimento seria gerado internamente. O restante viria de aquisições.

Perguntaram que tipo de orçamento para crescimento ele tinha para lidar com esse tipo de expansão rápida. Ele não tinha pensado sobre como financiar o crescimento nesses termos, assim solicitou que sua equipe trabalhasse na coleta de todos os gastos da empresa projetados para aumentar as receitas — gastos em coisas como desenvolvimento de produtos, treinamento de vendas, pesquisa de mercado e assim por diante. Ele descobriu que o número era menos de 1% das receitas atuais. (Não surpreendentemente, ele também descobriu que os investimentos em crescimento estavam fragmentados e não eram priorizados adequadamente.)

Com base naquilo que ele sabia que seria necessário para ser bem-sucedido nesse setor, tornou-se óbvio para ele que 1% era insuficiente para fazer a empresa crescer substancialmente. Preparar um orçamento para crescimento pela primeira vez chamou atenção ao fato de que ele tinha de investir mais se quisesse alcançar essas receitas dentro de 60 meses.

Não há nenhuma regra obrigatória sobre quanto uma empresa precisa gastar para aumentar o crescimento. Isso varia de um ramo de atividade para outro. Por exemplo, em alguns setores, como o farmacêutico, o número é muito alto (empresas farmacêuticas investem entre 12% e 15% somente em pesquisa e desenvolvimento), enquanto em outros (como produção básica) esse número é substancialmente menor.

Mesmo que cada setor e cada empresa nesses setores sejam diferentes, todas precisam ter um orçamento para crescimento e um processo de revisões periódicas que consiste em responder às seguintes perguntas:

» A correspondência entre as receitas e os custos necessários para alcançá-las é realista? Quais custos devem ser aumentados ou cortados?
» As pessoas certas foram alocadas à medida que o projeto passava pelas suas diferentes fases?
» Qual é a qualidade da execução e o que precisa ser feito para melhorá-la?
» As premissas por trás do projeto, como condições de mercado, precisam ser repensadas para o orçamento?
» As recompensas estão vinculadas ao cumprimento de metas de crescimento?

Um orçamento para crescimento é uma necessidade não apenas para toda a empresa e em grandes divisões, mas em todas as partes da empresa que possam desempenhar um papel no crescimento das receitas. Todo gerente de unidade de negócio precisa de um orçamento para crescimento voltado para os projetos específicos que serão a base do crescimento futuro. Vamos analisar uma editora que publica livros com vendas de US$ 50 milhões e lucro líquido de US$ 5 milhões. São livros vários segmentos — não ficção, interesse geral, biografias, história, negócios e autoajuda. Seus canais de distribuição são principalmente livrarias físicas, bem como livrarias online como a Amazon.com e Barnes & Noble.com. Novos livros são trazidos para a empresa pelos editores de aquisição, que usam seus contatos com especialistas e agentes literários nas respectivas áreas para contratar novos autores. O orçamento de crescimento para o gerente da unidade de negócio (o editor) poderia ser algo como o seguinte:

» Fundos para contratar editores adicionais a fim de adquirir livros em novas categorias emergentes.
» Fornecer aos editores fundos suficientes para que eles viajem pelo mundo a fim de conhecer e falar diretamente com as pessoas envolvidas com os projetos mais modernos em suas respectivas áreas de atuação.
» Fundos para testar formatos originais de livros e edição eletrônica em um esforço para mudar o jogo à frente da concorrência.
» Testar novos canais de distribuição para alcançar mais clientes.
» Para o mercado de livros de negócios, pesquisar o potencial de vendas diretas para programas corporativos internos de treinamento/educação.

## De onde você obtém o financiamento?

Além das melhorias na produtividade de custo, há quatro fontes de financiamento para o orçamento para crescimento.

Primeiro há os recursos realocados de linhas de produtos estagnadas ou de pouca venda, com as economias sendo utilizadas para financiar o crescimento. O aumento da receita tornou-se recentemente uma prioridade na Unilever, fabricante e comerciante mundial de produtos como o sabonete Dove e o chá Lipton. Quando a alta gerência analisou seriamente as 1.600 diferentes marcas de produtos de consumo que possuía, ela descobriu — e isso representa bem a maioria das empresas de produtos de consumo — que eles tinham 400 marcas líderes de vendas em suas mãos. Essas 400 marcas tinha uma participação substancial no mercado, margens sólidas e melhor potencial de crescimento. As outras 1.200 eram basicamente de baixo crescimento e usavam uma quantidade desproporcional de recursos. A Unilever iniciou o processo de vender ou descontinuar essas 1.200 marcas e usar as centenas de milhões economizadas para financiar o crescimento das 400 escolhidas.

Segundo, realocar recursos dos departamentos que não estão crescendo ou que na verdade estão *perdendo* participação no mercado e estão fadadas a continuar assim.

Terceiro, realocar o dinheiro que já foi destinado aos fundos orçamentais tradicionais, como pesquisa e desenvolvimento.

A quarta fonte de financiamento vem de uma decisão corajosa do líder de aumentar a quantia que ele está disposto a gastar a fim de tentar obter receitas adicionais, mesmo que isso afete os compromissos de desempenho financeiro de curto prazo. É preciso um executivo corajoso para sacrificar ganhos no curto prazo — especialmente quando isso não é o que Wall Street quer ver — em favor do crescimento da empresa no longo prazo.

E por falar em desempenho financeiro de curto prazo, o que acontece com o orçamento para crescimento quando a empresa enfrenta o risco de não cumprir suas metas relativas a receitas e lucros? Uma objeção que as pessoas fazem quando surge o tema da importância do orçamento para crescimento é que "nosso diretor financeiro nunca nos deixa discutir isso. Ele só quer cortar custos, não alocar dinheiro para o crescimento".

Na verdade, o orçamento para crescimento enfrenta dois riscos inter-relacionados em cada empresa: demandas esporádicas do diretor financeiro para fazer cortes em todos os níveis e atrasos intencionais ou simplesmente desobediência por parte dos gerentes de unidades de negócios em antecipar esses cortes. Imposições acontecem em muitas empresas, porque a desconfiança do processo orçamentário é muito alta. Em um caso, a presidente de uma empresa falou à nova diretora executiva que ela poderia tentar levantar internamente US$ 10 milhões para financiar o crescimento do seu departamento de US$ 3 bilhões, mas que não via sentido nesse esforço já que, depois que o dinheiro fosse encontrado, o poderoso diretor financeiro arrumaria um jeito de negá-lo.

Obviamente, quase todos os diretores financeiros se concentram no gerenciamento de custos, fluxo de caixa e orçamento de capital. Eles precisam de uma perspectiva mais ampla e podem, de fato, desempenhar um papel importante para aumentar as receitas exercendo liderança a fim de garantir a adequação do financiamento em favor do orçamento para o crescimento. E quando for necessário fazer cortes — como invariavelmente acontece — o diretor financeiro pode trabalhar criativamente com o diretor da divisão para que os cortes não sejam feitos em todos os níveis e não atinjam os projetos de crescimento. Alguns projetos devem permanecer intactos, outros eliminados e alguns financiados por meio de iniciativas criativas como alianças com outras empresas. Um orçamento para crescimento é uma ferramenta indispensável quando uma empresa busca aumentar as receitas. Ele mostra a todos uma visão geral de quanto a empresa está gastando para alcançar o crescimento, e facilita para a empresa apoiar ideias inovadoras projetadas para gerar novas iniciativas de crescimento, como marketing *upstream*, um assunto que discutiremos a seguir.

# 7 Identificando oportunidades para o crescimento lucrativo de receitas por meio do marketing *upstream*

**O principal alicerce para** o aumento da receita é o marketing *upstream*. Trata-se da capacidade de criar ou identificar as necessidades específicas de segmentos de clientes escolhidos e satisfazê-las de maneira lucrativa e melhor que a concorrência. O marketing *upstream* não apenas ajuda a gerar crescimento lucrativo da receita, ele também é um diferenciador competitivo que agrega valor de longo prazo tanto para o cliente como para a empresa.

A maioria dos líderes corporativos não focaliza o marketing *upstream* de maneira regular e consistente nem lhe dá a importância adequada e a qualidade necessária de recursos. Quando as pessoas nas empresas pensam em marketing, geralmente é em termos daquilo que chamo *downstream*: fixação da marca, promoção e publicidade; entrega de produtos e prestação de serviço ao cliente dentro dos prazos; e gerenciamento de relacionamento com o cliente. Obviamente, todas essas atividades de marketing *downstream* são importantes, mas dependem da qualidade do marketing *upstream*, em que você determina detalhada e exatamente quem são os clientes e quais produtos e serviços pode criar que atenderão às necessidades específicas deles. Depois de descobrir para quem você quer vender e o que quer vender para eles — e isso não é tão fácil quanto parece —, pode começar a colocar em prática um programa de marketing *downstream*, publicidade, fixação da marca e relações públicas que visem ganhar os clientes que definiu como alvo. O programa de marketing *downstream*, então, aumenta a demanda.

Jeff Immelt (General Electric), A. G. Lafley (Procter & Gamble), Reuben Mark (Colgate-Palmolive), Dick Harrington (Thomson Corporation) e Andrea Jung (Avon) são exemplos de pessoas que têm colocado o marketing *upstream* no centro do comportamento de suas respectivas empresas.

Houve, por exemplo, uma mudança muito perceptível na General Electric, em relação à época de Jack Welch, quando o foco principal era melhorar a produtividade por meio de programas como Seis Sigma e informatização. Enquanto presidente e CEO, Jeff Immelt está retendo e intensificando esse foco. Ele tornou o crescimento orgânico e as aquisições complementares sua prioridade número um, colocando explicitamente em prática as habilidades e o comportamento do marketing *upstream* em cada um dos negócios da empresa. Immelt tem programas projetados para ajudar os clientes da GE a identificar novas oportunidades, avaliando corretamente que se eles estão crescendo, a GE também crescerá. O conceito geral para essa orientação centrada no cliente é "no cliente, para o cliente" ou ACFC (*at the customer, for the customer*). Não é apenas outro slogan para arrancar mais vendas dos clientes. Em vez disso, é uma reorientação total da maneira como a equipe de vendas e o pessoal técnico da GE interagem com um cliente para ajudá-lo a prosperar. Isso exige que a tecnologia e a equipe de vendas da GE se conectem aos processos sociais e decisórios dos clientes.

A GE Plastics, por exemplo, é uma grande protagonista em um setor que passa por mudanças estruturais significativas. A concorrência no setor de plásticos se intensificou, especialmente a concorrência de baixo custo da China. Há excesso de capacidade (muitos produtores com poucos clientes) nesse ramo, e os preços estão caindo como uma rocha. A GE Plastics tem uma base tecnológica incomparável e uma base de habilidades para converter tecnologia em aplicações específicas para as necessidades dos clientes individuais. Mas se quiser crescer e ganhar a batalha contra uma concorrência comoditizada, mais barata, ela terá de demonstrar como suas aplicações de tecnologia agregam valor em termos da capacidade do cliente para aumentar a participação no mercado e melhorar o aumento da receita, as margens e o fluxo de caixa. Por exemplo, na indústria automotiva, a GE Plastics poderia mostrar a um fabricante como a Ford o quanto as aplicações de sua tecnologia poderiam reduzir o peso de um carro, melhorar o consumo de combustível, reduzir custos ou de outro modo melhorar a diferenciação do cliente em relação a seus concorrentes.

A GE Plastics mapeou vários setores dos clientes em que ela poderia ganhar mais por ajudar os clientes a se diferenciar da concorrência. Discutiremos detalhadamente o mapeamento de mercado mais adiante, mas a GE Plastics mostra que um mapa criativo e prático do mercado e da segmentação das necessidades dos clientes é um fator importante no seu programa de marketing *upstream* para o aumento da receita. Igualmente importante é construir uma estrutura de preços que reflita e apoie o posicionamento do produto com base nos atributos específicos que o cliente prefere em relação à concorrência.

O ACFC, como o Seis Sigma, está se tornando parte da filosofia de gerenciamento da GE. As revisões de estratégia, de operação e de pessoal de cada departamento agora se concentram em vincular marketing e tecnologia para criar novas fontes de crescimento de receita e garantir que haja um mix certo de competências no marketing, tecnologia e vendas para tornar o ACFC parte da maneira como cada divisão da GE conduz seus negócios.



## O mapa do mercado

Uma ferramenta importante no marketing *upstream* é o mapa do mercado, que fornece uma visão panorâmica do mercado em geral e seus diferentes segmentos. Trata-se de uma maneira útil de comparar um segmento de mercado com outro e ajuda a ver as possíveis relações entre eles. O mapa também pode ilustrar o posicionamento dos principais concorrentes em cada segmento dos clientes.

**Mapa de teste de mercado**

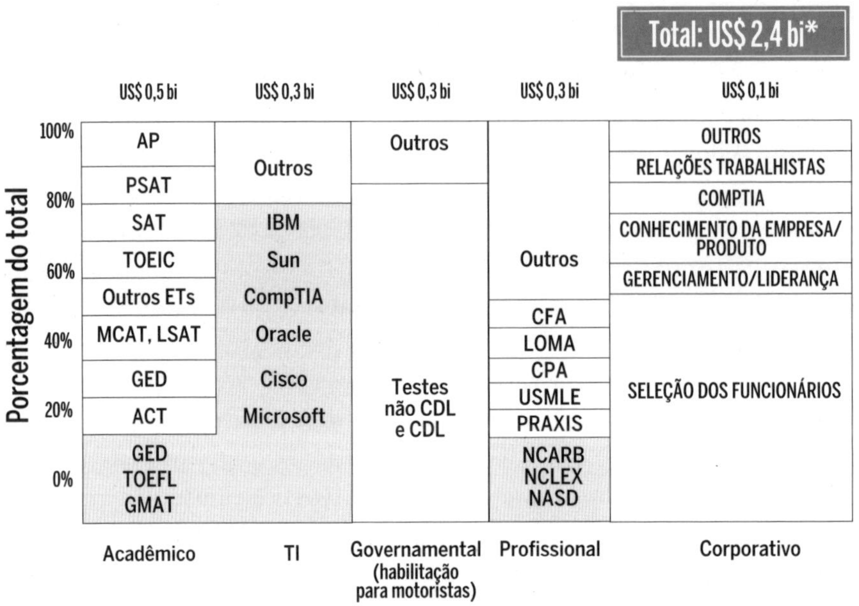


Um exemplo recente de mapeamento eficaz de mercado foi feito pela Thomson Corporation, um importante fornecedor de informações para clientes empresariais e profissionais. Dick Harrington, CEO da Thomson, começou a usar as revisões de estratégia de cada uma das unidades de negócios como a base para um processo de mudança a fim de obter crescimento lucrativo de receitas. Antes de qualquer discussão sobre a estratégia de uma unidade de negócio ou modelo de negócio, Harrington primeiro pedia para cada gerente de unidade de negócio descrever informalmente os clientes e suas necessidades. Entender quem são os clientes e suas necessidades torna-se a base para a tomada de decisões sobre o que a empresa precisa fazer.

A divisão Prometric da Thomson fornece serviços de avaliação e teste baseados em tecnologia. Mike Brannick, presidente e CEO da empresa, na sua busca por ampliar o negócio, usou o mapa do mercado para fornecer uma visão geral do mercado de testes informatizados: quem são os clientes dos produtos e serviços da Prometric, quais são suas necessidades e por que eles iriam preferir a Prometric à concorrência. Criar um mapa do mercado não significa que uma empresa focalizará todos os segmentos. Mas ele propicia a uma empresa uma maneira relativamente fácil de determinar se ela quer ou não entrar em outros segmentos.

O mapa do mercado da Prometric dividiu o setor de testes computadorizados em cinco segmentos principais de clientes: Testes de TI (por exemplo, certificação de usuários de produtos de empresas como a Microsoft e Oracle para ganhar ou manter um emprego), testes governamentais (para obtenção de carteira de motorista no Reino Unido e na Irlanda), exames acadêmicos (aplicação de exames como SAT, GMAT e LSAT para o Educational Testing Service), testes profissionais (certificação em áreas como finanças e saúde), e testes corporativos (processos seletivos de funcionários).

Uma grande parte das receitas da Prometric atualmente vem dos mercados de TI, acadêmico, profissional e governamental. O mercado de TI está em queda, enquanto o mercado acadêmico está estável. As grandes oportunidades de crescimento futuro são identificadas nos segmentos de finanças e de saúde, no nível profissional, e em recrutamento e seleção, no nível corporativo.

Hoje, menos de 1% das receitas da Prometric vem do mercado corporativo em crescimento, mas altamente fragmentado. Dick Harrington (CEO da Thomson) e sua equipe veem grande potencial nele para a Prometric, e colocam as ferramentas de marketing *upstream* no centro da empresa para que eles possam entender as necessidades dos principais clientes e criar propostas de valor atraentes para eles.

Por exemplo, empresas como o Wal-Mart, Home Depot e Lowe's contratam dezenas de milhares de pessoas por ano e têm uma grande necessidade de reduzir o número de funcionários despedidos por causa do uso de drogas, roubo ou outros comportamentos inadequados. Muitas empresas fazem, elas próprias, os testes, mas como eles não fazem parte das principais atividades do negócio, elas procuram terceirizá-los.

Quando a Prometric contata um potencial cliente como um desses grandes varejistas, as ferramentas de marketing *upstream* ajudam a encontrar e focar os principais tomadores de decisões e compreender as necessidades que eles têm em termos de teste de potenciais funcionários. A Prometric então desenvolve uma proposta de valor que transmite em termos financeiros como seus testes reduziriam os custos, uma questão importante em um negócio de baixa margem como o varejo. Naturalmente, a proposta de valor desenvolvida depende das necessidades do cliente. Uma empresa como o

Wal-Mart, com presença mundial, teria a necessidade de usar os testes em vários idiomas e talvez queira colaborar com uma empresa de fora como a Prometric para projetar os próprios testes.

A segmentação e o mapeamento de mercado da Prometric também revelaram que os testes de admissão não se limitam a cargos de nível relativamente mais baixo em empresas como as de varejo, mas estende-se às necessidades de sofisticadas empresas de serviços financeiros como a Capital One. A estratégia da Capital One baseia-se na contratação de pessoas com as habilidades para analisar dados creditícios altamente quantitativos e díspares sobre os consumidores e, então, em usar essa análise para descobrir novos segmentos de clientes. Depois que um novo segmento é descoberto, ele projeta o produto certo com a estrutura de preços certa.

Para a Capital One, os riscos envolvidos nos segmentos de clientes escolhidos são altos, mas as recompensas também o são, se a empresa fizer a coisa certa. A proposta de valor da Prometric mostraria a empresas como a Capital One como ela pode ajudá-las a selecionar pessoas com as habilidades analíticas necessárias que levam ao desenvolvimento e à introdução de novas e acertadas ofertas de cartão de crédito.



## Obtendo informações não filtradas

O marketing *upstream* baseia-se no conhecimento das necessidades dos clientes. Há ferramentas fáceis de usar que podem ajudá-lo a obter o *insight* necessário sobre o que os clientes querem. Por exemplo, em vez de deixar que o fluxo de informações chegue até você por meio de vários filtros que cada empresa define — tradicionalmente, as informações passam por várias mãos ao viajar da pessoa que aprendeu alguma coisa para a pessoa que pode usar o que foi aprendido —, comece recebendo informações não filtradas da sua equipe de vendas por meio da QMI, inteligência rápida de mercado (*Quick Market Intelligence*). Isso pode ser tão simples como definir uma frequência para contatos telefônicos (por exemplo, uma vez por semana) com membros-chave da equipe de vendas. Já comentamos a história da Sterling Software e como a QMI coletada da equipe de vendas acelerou rapidamente a taxa de crescimento.

Tão importante quanto ter informações de mercado oportunamente, é saber quem é o "o cliente do cliente". Na verdade, uma de suas primeiras perguntas ao fazer uma análise do cliente como parte do marketing *upstream* deve ser: "Quem são nossos clientes?". Um exemplo mostrará por quê.

Digamos que você fabrique produtos de papelaria — canetas, papel, lápis, cadernos e outros — e alguém pergunte "Quem é o seu cliente?".

A resposta na maioria das vezes seria OfficeMax, Staples, Office Depot e pequenas papelarias de bairro.

Isso faz sentido. Tradicionalmente, podemos definir um cliente como alguém que compra de você, e os varejistas, citados são os que compram seu produto. Você vende para esses varejistas, e eles, por sua vez, disponibilizam seus produtos para os clientes deles, as pessoas que efetivamente os utilizam.

Mas se você definir seu cliente apenas como o varejista, distribuidor ou intermediário, terá um problema. As papelarias, por exemplo, podem ser clientes, mas não são consumidores ou usuários finais. São intermediários. Elas vendem os materiais de escritório que você fabrica para as pessoas que efetivamente os utilizam: grandes empresas, pequenas empresas, autônomos e até mesmo crianças que precisam de uma caneta, cartolina ou um marca-texto para fazer o dever de casa.

Isso significa que você precisa entender cada elo da cadeia da demanda.

Portanto, sim, a papelaria é um cliente, assim como a pessoa que adquire o item no final da cadeia. O cliente poderia ser o usuário final, mas é igualmente provável que poderia ser o chefe do departamento de compras de uma empresa ou um gerente de escritório em uma das filiais.

Muitas empresas vendem para um ou outro tipo de intermediário e não têm contato direto com o usuário final, o cliente do cliente delas. Elas consideram o intermediário seu único cliente. Isso é um erro. É preciso entender as necessidades da pessoa que compra de você e as do usuário final, se forem duas pessoas diferentes. No nosso exemplo, os marqueteiros precisam entender *ambas* as questões: por que a papelaria faz negócios com sua empresa e por que o cliente compra o produto na papelaria para a qual você vende.

Focar as necessidades de seus clientes — tanto atuais como potenciais — é o ponto de partida para o marketing — especialmente o marketing *upstream* — e a base dos seus esforços para obter aumento da receita.

Depois de saber quem são todos os seus clientes, você precisa aprender tudo o que puder sobre o processo de tomada de decisão deles (compra), por meio de grupos de discussão, visitando-os e observando-os em ação. No caso da nossa papelaria, você literalmente visitaria os usuários finais durante um dia típico de trabalho para poder ver em primeira mão como usam seus produtos e em quais situações. Você tenta descobrir não apenas como usam seus produtos, mas também situações em que utilizam algo fornecido por um concorrente e outras situações em que não usam o que você tem para vender, mas potencialmente *poderiam*.

Obviamente, a pergunta a fazer nesse momento é: você realmente tem as pessoas certas com as habilidades *upstream* certas que podem fazer tudo isso? Elas foram treinadas para descobrir o que procurar? E elas podem comunicar efetivamente o que aprenderam de modo que a empresa possa desenvolver produtos e serviços adequados?

As pessoas que não têm contato direto com os clientes (especialmente com usuários finais) costumam demorar em mudar suas opiniões sobre o que eles acham que os clientes querem. Você tem de convencê-las, e uma maneira de fazer isso é levá-las para visitar os clientes.

É isso o que os profissionais de marketing em uma empresa líder de produtos de consumo faz. Eles levam pessoas de fora do departamento de marketing, digamos, do departamento de tecnologia da informação, em visitas à sede corporativa e às lojas do Wal-Mart. O objetivo é mostrar em primeira mão o que as pessoas pensam dos produtos deles. Sim, eles continuam dedicando um tempo para se reunir com os executivos do Wal-Mart, mas também visitam as lojas para poder observar e conversar com os usuários finais e clientes do varejista. Eles procuram padrões de uso e diferenças regionais. As pessoas em certas regiões do país compram mais de um produto em diferentes épocas do ano? Existem diferentes padrões de compra entre diferentes grupos étnicos, entre homens ou mulheres? Certos segmentos de consumidor respondem melhor a diferentes tamanhos e designs de embalagens? A empresa analisará todas as variáveis e transmitirá essas informações à sede, onde eles trabalharão de trás para frente a fim de ajustar o produto — ou talvez apresentar uma nova variação — para atender às necessidades dos consumidores.

A questão é que concentrar os esforços de marketing nas pessoas que vendem seus produtos para os consumidores não é suficiente. Você tem de estudar o usuário final e descobrir como esses consumidores se comportam, e como esse comportamento muda ao longo do tempo. E todos, do CEO ao pessoal que responde às chamadas feitas ao serviço de atendimento ao cliente, precisam ter o mesmo foco de marketing, se a empresa quiser crescer. Você também precisa usar essas informações sobre os usuários finais ao desenvolver o marketing para os intermediários.

As habilidades projetadas para gerar aumento da receita exigem que você entenda e defina em detalhe não apenas as necessidades do cliente, mas também a maneira de segmentar seus clientes a fim de poder ganhar uma fatia lucrativa de suas carteiras.

## A habilidade de segmentar mercados

A premissa subjacente à segmentação é: cada mercado, para um produto ou serviço, é composto por muitos grupos diferentes. Os compradores não são idênticos.

Todos os clientes são diferentes quanto às suas percepções e necessidades. E as percepções e necessidades desses clientes individuais mudam ao longo do tempo.

Idealmente, uma empresa será capaz de satisfazer todos e cada um desses clientes. No entanto, isso raramente é economicamente viável. Um marqueteiro no mercado *upstream*, utilizando as ferramentas que discutimos, junta habilmente esses clientes individuais, com suas necessidades individuais, em grupos com características semelhantes. Esses grupos são chamados segmentos.

Obviamente, se nem todos os compradores de determinado produto ou serviço forem semelhantes, então o que vem a seguir é que deverá ser capaz de posicionar, ou segmentar, o que você vende para cada grupo a fim de aumentar as receitas.

Vamos começar com um exemplo simples, para expor todas as ideias e então passar para uma situação mais complicada (e representativa), a fim de mostrar como a segmentação, ressegmentação e nova ressegmentação podem ser uma excelente ferramenta para ajudá-lo a crescer. A questão-chave a lembrar ao segmentar é escolher categorias que são razoavelmente distintas umas das outras e, então, quando apropriado, agrupá-las em subsegmentos.

Você poderia ser tentado a dizer que a Cross Pen atende o mercado de canetas. E você estaria certo. Assim, poderia esboçar o mercado da Cross desta forma:

| TODOS OS USUÁRIOS DE CANETA |
|---|

Tudo dentro do quadro representaria potenciais compradores de caneta. Mas isso não é particularmente útil. Uma forma de segmentar o mercado para canetas é:

| Necessidade | Canal de distribuição | | |
|---|---|---|---|
| | **Por que comprar** | **Loja de departamentos** | **Loja especializada** |
| | Presente | PD | PE |
| | Satisfação pessoal | SD | SE |

Nessa representação do mercado, haveria quatro segmentos diferentes. No quadro "PD" se encaixaria alguém comprou uma caneta Cross em uma loja de departamentos e planejou dá-la ao filho como um presente de formatura. "PE" representaria todas as pessoas que visitaram lojas especializadas em canetas a fim de comprar canetas Cross para dar de presente. "SD" representaria pessoas que compraram a caneta para si próprias em lojas de departamentos. E "SE" seria o mercado das pessoas que visitaram lojas especializadas e compraram canetas para uso próprio. Pessoas que compram uma caneta como essa por motivos pessoais fazem isso pelo ego e pela autoestima.

A Cross poderia "ressegmentar" — isto é, dividir seu mercado de uma nova maneira, a fim de tentar obter receitas adicionais. A gerência da Cross, por meio de estudos do comportamento dos clientes, poderia chegar à conclusão de que brindes corporativos seriam um mercado viável. E ela poderia então ressegmentar o mercado da seguinte maneira (não vamos nos preocupar em preencher os quadros):

| Necessidade | Canal de distribuição | | | |
|---|---|---|---|---|
| | **Por que comprar** | **Loja de departamentos** | **Loja especializada** | **Vendas corporativas** |
| | Presente | | | |
| | Satisfação pessoal | | | |
| | Brindes corporativos | | | |

Com o advento da internet, a Cross poderia ressegmentar o mercado novamente. Seu mapa de segmentação de mercado agora poderia se parecer com isto:

**Canal de distribuição**

| Necessidade — Por que comprar | Loja de departamentos | Loja especializada | Vendas corporativas | Internet |
|---|---|---|---|---|
| Presente | | | | |
| Satisfação pessoal | | | | |
| Brindes corporativos | | | | |

Há cinco questões fundamentais que podemos tirar do exemplo da caneta Cross:

- » Ele ilustra a diferença entre o que a empresa poderia pensar que está vendendo e o que um cliente acredita que está comprando. A Cross poderia pensar que está vendendo um produto físico, mas o cliente está comprando satisfação pessoal, um presente personalizado para alguém ou um brinde institucional, como um prêmio de vendas.
- » A alocação dos recursos e onde concentrá-los para o aumento da receita tornam-se mais nítidos a partir dessa análise de segmentação.
- » Em cada segmento, a concorrência e os atributos dos compradores são diferentes, assim como as taxas de crescimento, preços psicológicos e marketing *downstream*, embora o produto seja fisicamente idêntico.
- » Compreender as categorias das necessidades — por que um cliente compra — e os canais apropriados de vendas — aonde o cliente vai para satisfazer essas necessidades — é uma habilidade crítica de segmentação, cuja importância cresce conforme o mercado, a concorrência e a complexidade aumentam.
- » Fazer dinâmica de grupo sobre os *insights* gerados a partir de uma visão geral da segmentação, como o feito para a caneta Cross, pode gerar ideias para experimentar e testar novas oportunidades.

Sempre que a Cross criou uma nova adjacência — isto é, toda vez que ela introduziu seu produto em um mercado que era semelhante àquele em que ele já estava sendo vendido — ela teve a oportunidade de aumentar as receitas.

O exemplo de segmentação e ressegmentação da Cross pode ser utilizado por qualquer empresa, em qualquer lugar. Vamos mais uma vez usar um exemplo da Thomson Corporation; desta vez analisaremos o departamento que fornece materiais para advogados em todo o país, para explicar as opções de segmentação em detalhes.

Assim como poderíamos descrever a Cross como um fabricante de canetas, poderíamos dizer que a Thomson atende o mercado jurídico norte-americano. Mas o universo de 800 mil advogados é apenas o ponto de partida. No caso da Thomson, poderíamos segmentar o mercado pelo tipo de usuário (assistente jurídico ou advogado), tamanho do escritório de advocacia — aqueles com menos de dez usuários (assistentes jurídicos e advogados), entre 11 e 50 usuários, ou mais de 50 — e pelos métodos preferidos de entrega: on-line, papel ou ambos.

Você pode segmentar ainda mais ou de forma diferente: por região (Nordeste, Centro-Oeste etc.), por estado ou por modalidade de direito (civil, criminal ou tributário).

Sempre que a Thomson identificava um segmento — direito tributário, por exemplo — ela não apenas não encontrou outros segmentos (municipal, estadual, federal), mas também segmentos *dentro* dos segmentos (no direito tributário federal, há advogados que trabalham para o governo e outros em escritórios de advocacia privados) e então explorou mais para encontrar *subsegmentos* dentro desses segmentos (advogados tributaristas que só lidam com ações relacionadas a um determinado tributo).

E essa era apenas uma maneira de visualizar o mercado. Os escritórios de advocacia poderiam ser divididos pelo uso, e poderiam ser criadas estratégias de precificação correspondentes. Por exemplo, quando se trata de uso on-line, algumas empresas grandes talvez estejam dispostas a pagar por acesso pleno por tempo integral, enquanto outras preferem pagar por cada vez que se conectam.

O objetivo dessa segmentação e ressegmentação é descobrir onde colocar mais recursos e, também, áreas onde você pode *reduzir* os investimentos.

No caso da Thomson, a segmentação confirmou algumas coisas que a empresa suspeitava e levou diretamente à criação de novos produtos.

Dividir o mercado por região geográfica provou à gerência o pressuposto de que um volume desproporcional de negócios vinha de um número limitado de áreas — Califórnia, Illinois, Nova York, Texas e Washington, D. C. — e que essas áreas deveriam receber mais atenção do marketing.

O mais surpreendente, porém, é que quando a Thomson analisou os vários segmentos dos advogados, ela descobriu certas especialidades — direito ambiental, financeiro e securitário, assistência médica, pensões e benefícios, e telecomunicações — em que havia uma demanda quase insaciável por informações. Isso levou à criação de revistas especializadas para essas áreas.

Mas a segmentação faz mais do que simplesmente descobrir áreas onde aplicar novos recursos. Ela pode ser uma forma de descobrir como gastar *menos*. (No caso da Thomson, a segmentação dos clientes por uso identificou que havia alguns deles — e algumas áreas especializadas de direito — que deveriam ser atendidas apenas on-line, para eliminar custos de impressão e distribuição.)

Como as necessidades dos clientes mudam constantemente, a segmentação é algo que precisa ser feito continuamente. À medida que seu mercado passa por mudanças demográficas, geográficas ou tecnológicas, procure locais para segmentar o mercado de diferentes maneiras.

Ao dividir o mercado em diferentes segmentos, é possível identificar um incrível número de mercados potenciais. Você pode criar novas adjacências — o mundo não sabia que precisava de tênis até a Nike segmentar esse mercado — ou pode mover-se para uma ocupada por um concorrente. De qualquer forma, a segmentação é uma ferramenta eficaz de crescimento. O segredo para a segmentação é entender verdadeiramente os desejos e necessidades dos clientes. Para fazer isso, você precisa se aproximar deles o máximo possível, idealmente tornando-se parceiro das empresas para as quais vende seus produtos, oferecendo soluções para os problemas que elas têm. Como esse conceito é muito importante, vamos gastar um pouco mais de tempo nele e mostrar como poderia ser aproveitado ao máximo.

O conceito de "aproximar-se do cliente" provavelmente já é utilizado desde que existem clientes e boas empresas para prestar serviços a eles.

Mas as melhores empresas levam a ideia um nível máximo e literalmente (quando possível) incorporam os funcionários às empresas dos seus clientes. Talvez a parte mais intrigante da ideia de Jeff Immelt de "no cliente, para o cliente" seja que a maioria das pessoas tende a não considerá-la na primeira vez que ouvem isso. Quando Immelt fala "no cliente", ele quer dizer que o vendedor sabe o que acontece na loja do cliente. Em alguns casos, o vendedor poderia na verdade ter um escritório na sede ou nas instalações do cliente. O vendedor passa o tempo todo lá. Ele tem apenas uma única conta.

Agora, obviamente, há poucas empresas que podem se dar ao luxo de vender dessa maneira. Mas o conceito subjacente é sólido, mesmo que não seja possível ter alguém nos escritórios dos clientes o tempo todo. Você quer entender tudo o que há para entender sobre seu cliente, e sobre o que acontece na empresa dele.

Embora se aproximar dos seus clientes seja bom, e pedir que a alta administração visite os clientes seja melhor, nenhuma dessas iniciativas fará com que você se envolva profundamente nos meandros dos negócios dos clientes. O princípio por trás do "no cliente, para o cliente" é simples: conectar-se com os tomadores de decisão no cliente e converter essa conexão em mais aumento da receita para você e para eles.

Para tornar-se parte integrante da vida diária dos negócios do cliente, você precisa estar lá fisicamente, se o volume de vendas fizer sentido. É por isso que a GE tem vendedores nas empresas que compram quantidades substanciais de plásticos; é por isso que a Colgate e a P&G tem vendedores nos escritórios da sede do Wal-Mart no Arkansas; e é por isso que a Lear, um fornecedor mundial líder de acessórios para automóveis (assentos, componentes elétricos, tapetes etc.), tem vendedores permanentemente baseados nos escritórios da Ford.

Esses vendedores não são meros tomadores de pedidos, ou puxa-sacos sorridentes ansiosos por pagar uma partida de golfe ou um almoço para o cliente. Em vez disso, eles fazem parte dos negócios e das redes sociais das corporações para as quais eles vendem. Eles sabem onde está o poder real. Eles fazem parte do fluxo de informações. Eles sabem quais produtos dos clientes funcionam, quais não funcionam e onde os seus clientes poderiam precisar de alguma ajuda.

E como estão intimamente envolvidos nas operações diárias dos clientes, podem incorporar o que aprenderam a suas próprias empresas, passando informações úteis para criar novos produtos.

Agora, claramente, há um número limitado de situações em que você pode se dar ao luxo de ter um vendedor no escritório do seu principal cliente. Se isso não for economicamente viável, pense no conceito de "no cliente, para o cliente" como uma metáfora para o que você está tentando realizar — ter vendedores permanentemente envolvidos com o modo como seus clientes fazem negócios.

## Um recurso subutilizado

Os vendedores podem ser uma excelente fonte de informações para o aumento da receita não só porque entendem os clientes, mas também porque conhecem o funcionamento interno das empresas que os contrata, o que permite construir uma ponte entre os dois.

Há cinco perguntas que você precisa responder a fim de saber se os vendedores contribuem o máximo que podem para o crescimento da empresa:

1| Eles entendem o que os clientes esperam dos fornecedores, e como as decisões de compra são tomadas?

2| Eles estão capacitados para trabalhar com pessoas em vários níveis, tanto na empresa do cliente como na sua?

3| Eles são observadores o bastante para enxergar mudanças nas necessidades dos clientes?

4| Depois de coletar informações sobre as necessidades dos clientes, eles sabem como transmitir *sem distorções* o que aprenderam, de modo que a empresa possa agir a respeito, possivelmente oferecendo aos clientes novos produtos, novos serviços, uma nova estrutura de preços ou o que mais for necessário?

5| Qual é proximidade da conexão — social e profissional — entre os funcionários que fabricam os produtos e os que fornecem a inteligência?

O objetivo dessas perguntas é fazer que você entenda a extensão do entrosamento necessário entre sua equipe de vendas e seus clientes.

## Aprofundando-se mais

Fazer que sua equipe de vendas se envolva profundamente com as empresas dos clientes cria uma relação mutuamente benéfica. O que isso significa para você é óbvio: mais negócios. Você se torna um fornecedor mais valorizado, com o benefício complementar de que fica mais difícil substituí-lo, tamanha a integração da sua empresa para atender as necessidades dos clientes.

Mas também há claramente um benefício para os clientes. Quando usada corretamente, a equipe de vendas torna-se outro ativo para eles, outra ferramenta que pode ajudá-los a aumentar as receitas.

Passando todo esse tempo com o cliente, a equipe de vendas deve ser capaz não só de apresentar soluções para os potenciais problemas deles, mas também *ajudar os clientes a encontrar novas oportunidades de crescimento.* Os vendedores devem ser capazes de indicar aos clientes mercados que têm sido negligenciados e, também, sugerir novas praças para eles. (E, claro, se seus clientes crescem, você também cresce, já que eles precisarão de você para lhes fornecer produtos ou serviços adicionais.) Como resultado direto de "estar no cliente, para o cliente", esses clientes devem sentir que você está fornecendo ideias inovadoras, que vão ajudá-los a vencer a concorrência.

Vamos usar um exemplo extremamente simples para mostrar como isso poderia funcionar. Suponha que sua empresa vende formulários para escritório, papel para computador e cartuchos para impressoras a laser. Uma equipe de vendas qualificada poderia sugerir aos clientes — o que inclui megastores de materiais de escritório — que eles expandissem o mercado agrupando os clientes por várias associações como a OAB (Ordem dos Advogados do Brasil), o CRM (Conselho Regional de Medicina) e assim por diante.

Essa inovação (em nome do seu cliente) vai estimular a demanda por aquilo que você tem para vender — afinal de contas, quanto mais dos seus produtos as megastores vendem a membros de associações, mais dinheiro vocês dois ganham. E esse negócio ampliado também fará com que você se envolva mais com seus clientes — eles estão comprando a maioria, se não todos, dos materiais de escritório de você — tornando menos provável que eles passem a comprar de um concorrente.

É exatamente essa a abordagem que a Colgate e a P&G usam ao vender para o Wal-Mart. Tendo vendedores na sede, eles podem participar de reuniões que discutem promoções, descontos ou merchandising. E, claro, isso significa que sempre há alguém no local para resolver eventuais problemas.

Mas a principal razão da sua presença no local é poder procurar maneiras de aumentar as receitas do Wal-Mart.

A ideia de que você pode aumentar suas vendas ajudando os clientes a aumentar a deles é utilizada há quase tanto tempo quanto o conceito de que você deve estar próximo do seu cliente. Mas aqui estamos sugerindo que você a leve mais além, integrando totalmente a equipe de vendas com a empresa do cliente.

Essa é uma das estratégias mais eficientes que conheço para ajudar os clientes a aumentar sua participação no mercado. E ajudar seu cliente a ganhar participação no mercado é uma das melhores coisas que você pode fazer para ampliar *seu próprio* negócio.

## Descobrindo oportunidades

A última parte desta discussão pode ser a mais importante: você acha que seu pessoal tem a capacidade de marketing *upstream* para criar demanda de mercado, isto é, eles têm aquela misteriosa capacidade intuitiva de identificar oportunidades?

Como você sabe?

Você pode analisar o histórico deles, é claro. Mas se a pessoa for recém-contratada — ou é difícil saber o que ela fez no passado (porque ela era parte de uma equipe, por exemplo) —, há outra maneira. Simplesmente peça que fale do último emprego e descreva os diversos segmentos que identificou no mercado e como os buscou.

Você não quer ouvir números ("as receitas subiram de US$ 6 milhões para US$ 8 milhões"), mas saber do processo que ela seguiu para identificar o que acabou se revelando como oportunidade.

A habilidade mais importante que um profissional de marketing pode ter é a capacidade incrível de descobrir e definir as necessidades do cliente com especificidade suficiente para que a empresa dele possa criar produtos e serviços a fim de satisfazer o cliente e, no processo, lucrar. É nisso que se resume o marketing *upstream*.

Sem as habilidades do marketing *upstream*, o aumento da receita torna-se mais difícil. Líderes frequentemente delegam a tarefa estratégica do marketing *upstream* a especialistas, pessoas que fazem publicidade da marca ou têm experiência em relações públicas extensas. Mas essas pessoas criam comunicações, não análise de clientes. Como resultado, o marketing da empresa provavelmente carecerá de conteúdo.

Fazer marketing significa: a) descobrir o que o cliente quer; b) criar produtos, serviços e programas para atendê-los. Os profissionais de marketing da sua empresa precisam ter ambas as habilidades.

Depois que uma empresa identificou essa necessidade, ela pode criar produtos para atendê-la e, então, comunicar aos clientes o que ela pode lhes oferecer.

A maioria das empresas — e das pessoas que se dizem profissionais de marketing — são muito boas no *back-end*. Elas sabem como promover a solução e a marca, e como anunciá-las. Mas a maioria das empresas e profissionais de marketing não tem experiência no *front-end*, identificando o que os clientes, e potenciais clientes, querem.

Essa habilidade é vital, e você tem de ser objetivo e lidar com esse fato diretamente. Se houver 50 pessoas no departamento de marketing, você deve saber seguramente quantas podem detectar e identificar as necessidades dos clientes. Se os funcionários não conseguirem fazer isso, que tipo de treinamento será necessário para que eles adquiram essa habilidade?

Eles precisam ter essa habilidade se a empresa quiser ser capaz de aumentar as receitas de maneira lucrativa.

# 8 Vendas cruzadas: a arte de criar uma proposta de valor

**Vendas cruzadas baseiam-se** na ideia de que é possível obter uma fatia maior da carteira dos seus clientes convencendo-os a fazer mais negócios com você. Parece a coisa mais óbvia para o crescimento lucrativo da receita. Superficialmente, é muito fácil e lógico: agrupe todas as suas diferentes unidades de negócio, agregue produtos e serviços e venda mais para os clientes que já compraram algo de você.

E mesmo assim o cenário dos negócios está repleto de restos de iniciativas malsucedidas de venda cruzada. Os finais infelizes podem decorrer de problemas tão básicos como a incapacidade de um escritório de contabilidade em convencê-lo de que poderia oferecer consultoria empresarial de qualidade, além dos tradicionais serviços contábeis, ou tão espetacular como a incapacidade da AOL Time Warner (que voltou a se chamar Time Warner) em vender revistas e livros aos seus clientes online, e entretenimento online aos seus leitores. Os vários feudos das empresas da AOL Time Warner unificadas agruparam pacotes de produtos e serviços que eles achavam que o cliente queria, nunca criando uma proposta de valor que o cliente de fato *preferisse*.

Ao examinar as iniciativas malsucedidas de vendas cruzadas, geralmente descobrimos três problemas. O primeiro é que as empresas nunca deram aos consumidores uma razão atraente para comprar seus produtos adicionais. Em vez de receber uma proposta perfeita, os clientes tinham a sensação de que faltava coerência. Para que a oferta seja bem-sucedida, o cliente tem de achá-la não apenas atraente, mas melhor do que a alternativa de comprar partes separadas em outro lugar.

A segunda razão é a incapacidade de identificar segmentos distintos de clientes potenciais para vendas cruzadas. Na verdade, uma questão-chave para qualquer empresa que realiza uma venda cruzada é saber se os clientes *realmente* desejam um pacote de produtos ou serviços que a empresa pode oferecer. Se eles quiserem, depois que os segmentos certos são identificados, o próximo passo é dar uma nova cara às ofertas para que elas formem uma proposta de valor coerente do ponto de vista do cliente.

A terceira razão para que vendas cruzadas fracassem é que a equipe de vendas de cada departamento se concentra na venda de seus próprios produtos. Treinar uma equipe de vendas nos produtos de outro departamento é insuficiente e errático, e o coração e a alma dos vendedores individuais raramente são capturados pela iniciativa de vendas cruzadas. Dada a opção de vender o que eles conhecem para uma base de clientes estabelecida ou oferecer algo novo para as pessoas com quem eles não têm nenhuma relação, a equipe de vendas sempre optará por aquilo que lhe é familiar. Independentemente de receber produtos para realizar vendas cruzadas, a equipe de vendas continua a fazer parte do seu grupo original — a equipe de vendas da revista, a divisão de Internet ou o que quer que seja.



A trajetória profissional não muda, assim eles continuam a se concentrar no que irá colocá-los pessoalmente em um nível mais alto na organização, e isso é vender um produto ou produtos que eles estão acostumados a vender.

## Criando a proposta de valor

Fundamental para vendas cruzadas é olhar para o quadro geral do cliente e então trabalhar de trás para frente a fim de criar uma proposta de valor em uma linguagem que o cliente entenda. A proposta de valor é apresentada ao cliente somente depois que você entende as prioridades dele e como realmente funciona a rede social dele para a tomada de decisões. Eis um exemplo de como uma empresa fez um excelente trabalho para criar uma proposta de valor. Com sede em Atlanta, a NDC Health facilita a transação de pedidos de reembolso de cuidados médicos entre prestadores (farmácias, hospitais, médicos e empresas farmacêuticas) e empresas pagadoras independentes, como as seguradoras. Ela mudou a estratégia da sua equipe de 22 vendedores, deixando de vender produtos individuais, como sistemas de processamento de pedidos de reembolso, para vender soluções para os grandes problemas que os clientes enfrentam.

Qualquer pessoa que passou por uma internação hospitalar conhece o grau de complexidade do sistema de saúde. Médicos encaminham os pacientes a um hospital, e o cliente (o paciente) normalmente não paga o hospital diretamente. Como e quanto o hospital recebe a importância que lhe é devida depende das idiossincrasias do plano de saúde do paciente.

Um dos principais produtos da NDC são sistemas eletrônicos de processamento de pedido de reembolso que permitem aos hospitais receber o pagamento por serviços prestados aos pacientes. Esse era um negócio da NDC com o potencial de triplicar em dois anos, dada a necessidade do mercado. A pergunta que a própria gerência fez foi: por que havia tal descompasso entre o desempenho potencial e o real? Para saber a resposta, a NDC teve de se aproximar dos clientes — e potenciais clientes — para descobrir o que eles realmente queriam de uma empresa como a NDC Health. Depois de descobrir isso, a NDC poderia então moldar sua proposta de valor de acordo.

O lado financeiro da administração de um hospital é um desafio enorme. Perguntas sobre pacientes que não eram elegíveis para os serviços prestados pelo hospital, encaminhamentos médicos feitos de forma inadequada e companhias de seguro se recusando a cobrir tratamentos são apenas alguns dos problemas que os hospitais enfrentam ao tentar receber pelos seus serviços prestados. O resultado é que os hospitais contabilizam como perda 20% das contas dos pacientes, e as contas pagas demoram entre 40 e 120 dias para serem recebidas. Os problemas de falta de dinheiro que os hospitais enfrentam é um desafio *sistêmico*, especialmente porque no sistema de processamento de pedidos de reembolso todos os protagonistas (médicos, pacientes, seguradoras, etc.) não estão envolvidos como parte de um sistema eletrônico automatizado.

A oportunidade de negócio para a NDC era *vender soluções* para que os hospitais pudessem reduzir as baixas contábeis por contas não pagas, receber mais rapidamente e melhorar o fluxo de caixa. Por exemplo, o que a NDC fez com um grande grupo de hospitais na área metropolitana de Nova York fornece muitas informações sobre os passos necessários para criar uma proposta de valor e ilustra um processo de vendas cruzadas eficaz.

Para um grupo de hospitais com US$ 4 bilhões em faturamento anual, o pagamento demorava até quase cem dias. Há alguns anos, a equipe de vendas da NDC vendia principalmente produtos de processamento de pedidos de reembolso, sem foco na redução de custos por parte do diretor financeiro do hospital. Embora benéficos, esses produtos não forneciam uma solução para o problema financeiro mais importante e urgente do hospital — seu fluxo de caixa deficiente. Estava claro que a NDC Health precisava posicionar seu produto. Mas fornecer uma solução para os problemas de baixas contábeis e fluxo de caixa do hospital significava fazer uma venda mais qualificada para o diretor financeiro, o diretor de operações e, às vezes, para o próprio diretor executivo do hospital. Seria necessário que o vendedor pensasse nos negócios de uma maneira mais ampla, permitindo que ele compreendesse a pressão que o hospital sofria e se desse conta da oportunidade que a NDC tinha de fornecer uma solução.

No caso do grupo de hospitais de Nova York, a proposta de valor envolvia redução do tempo necessário para processar os reembolsos e reduzir o tempo de recebimento de 100 para 80 dias. Seis meses após a instalação da solução da NDC, o grupo hospitalar melhorou o fluxo de caixa em US$ 220 milhões, um benefício importante, uma vez que o fluxo de caixa em qualquer negócio é equivalente ao fluxo sanguíneo no corpo.

Todas as propostas de valor preparadas pela NDC requeriam uma quantidade substancial de informações dos vários departamentos como jurídico, preços, finanças e desenvolvimento de produtos. Para que as vendas cruzadas fossem eficazes, isso poderia significar que, por exemplo, o advogado da NDC precisaria se envolver com o departamento jurídico do grupo hospitalar a fim de eliminar quaisquer dificuldades existentes, e não apenas oferecer assessoria jurídica técnica internamente na NDC. Esse tipo de envolvimento positivo poderia ser uma vantagem competitiva, ao reduzir o tempo de ciclo entre a proposta inicial e o fechamento do acordo.

Mas o elemento crucial na execução do processo de vendas cruzadas é que o vendedor tenha uma mentalidade de negócios ampla e profunda que lhe permita extrair as informações corretas do cliente e então usá-las para moldar uma proposta de valor precisa e atraente.

O método mais eficaz para treinar os vendedores a fim de moldar propostas de valor é o modelo de estagiário utilizado em algumas profissões como bancos de investimento. Nesse ambiente, parceiros experientes mostram aos estagiários da empresa como trabalhar com os clientes.

Chuck Miller, diretor de operações da NDC, tornou-se o conselheiro pessoal para gerentes de vendas e vendedores quando eles começaram a criar uma proposta de valor. Ele dividiu toda a equipe de vendas em grupos de cerca de cinco pessoas, conversando diariamente via teleconferência com cada um dos grupos, e fez isso ao longo de um período de vários meses. Antes da visita, cada membro do grupo apresentava uma proposta de valor de uma página para um cliente que seria visitado. Durante a visita, Miller discutia cada proposta em termos das especificidades e como ela poderia ser melhorada, permitindo que cada membro do grupo desenvolvesse suas habilidades por meio da prática.

O processo trouxe à luz as barreiras internas da NDC — principalmente falta de alinhamento entre os vários departamentos — obstáculos para a criação de propostas de valor. Por meio das conversas com Miller, a equipe de vendas e os gerentes também descobriram padrões nas barreiras entre os clientes e foram capazes de aprender uns com os outros como superá-las. O processo também revelou não apenas os vendedores que poderiam brilhar no novo ambiente de vendas, mas também aqueles que não atendiam aos novos padrões.

## Como uma proposta de valor deve ser

Ao desenvolver propostas de valor, parte dos conselhos de Miller envolvia a criação de um modelo que incluía o seguinte:

Primeiro, obter uma visão geral do cliente coletando informações que descrevem suas necessidades de trabalho.

## XYZ LTDA. Plano de elaboração de uma proposta de valor

### Descrição do cliente

**A oportunidade:**

- **Informações relevantes;**
- **Quadro geral do cliente;**
- **Unidade de tomada de decisões e processo decisório na empresa do cliente.**

### Proposta de valor

**Definição das necessidades do cliente**

- Escopo
- Cronograma
- Prioridades
- Termos não financeiros, mas físicos, p. ex., reduzir a duração do ciclo
- Necessidades psicológicas
- Modelo de negócios do cliente

**Mix de ofertas exclusivamente projetadas para as necessidades do cliente**

- Produto A
- Oferta do serviço A
- Produto B
- Oferta do serviço B

**Suas finanças**

- Seu preço
- Custo
- Investimento necessário de capital
- Lucratividade inerente a essa conta

| | Benefício para o cliente | | | | |
|---|---|---|---|---|---|
| **Horizonte de tempo** | **Redução de custos** | **Melhoria na margem de lucro*** | **Melhora no fluxo de caixa** | **Melhora na receita** | **ROI para o cliente** |
| **0–1 ano** | | | | | |
| **1–2 anos** | | | | | |
| **2–4 anos** | | | | | |

* A melhoria na margem de lucro vem da melhoria do preço do cliente ou do seu mix de produtos.

Depois, identificar os principais tomadores de decisão do cliente e o processo para chegar a uma decisão.

Terceiro, montar e elaborar a proposta certa, determinar o mix e preço das ofertas, e o custo para a NDC, bem como as margens de lucro que ela poderia esperar da oferta.

Por fim, mostrar ao cliente como a proposta de valor agrega benefícios quantitativos como redução de custos na empresa dele, melhoria das margens de lucro, melhoria do fluxo de caixa, aumento das receitas e maior participação de mercado. Reforçar esses benefícios quantitativos com os qualitativos, como maior satisfação do cliente e melhor imagem da marca, é o núcleo da proposta de valor vencedora. Na página anterior, há um modelo para elaborar uma proposta de valor para um cliente.

## Como o Bank of America fez a coisa certa

Como uma grande organização pode se reinventar por meio de vendas cruzadas e assim aumentar a participação de mercado e acelerar o aumento de receita, é um dos fatores por trás do sucesso do Bank of America.

No início da década de 1980, o Bank of America, situado em São Francisco, era o maior banco dos Estados Unidos. Em comparação, o NCNB era um pequeno banco regional localizado em Charlotte, Carolina do Norte. Ao longo de um período de vinte anos, o Bank of America perdeu força e tornou-se essencialmente um banco regional com sede na Califórnia, enquanto o NCNB se transformou, por meio de uma série de grandes fusões, em um formidável banco multirregional chamado NationsBank. Ele fundiu-se com o Bank of America em 2000. Embora o NCNB tivesse assumido o controle gerencial total da nova empresa, a nova entidade manteve o nome Bank of America.

Ken Lewis, nomeado CEO do Bank of America em 2000, começou a integrar as operações dos diversos elementos do negócio, focalizando o cliente, reduzindo custos e melhorando as fontes de aumento de receita. Uma das principais contratações de Lewis foi Liam McGee. Ele foi nomeado presidente de *consumer banking* e tornou-se responsável por construir a melhor franquia de produtos e serviços bancários para pessoa física. Uma das principais medidas que McGee tomou foi começar a focalizar as vendas cruzadas no segundo semestre de 2001.

Ele primeiro eliminou a hierarquia tradicional. Em vez de trabalhar para a filial do Bank of America no Texas, na Califórnia ou para qualquer uma das outras 13 unidades corporativas, todos os 48.000 funcionários que lidavam com o mercado de pessoa física foram colocados em uma única divisão. Todos eles de repente se viram parte da equipe de produtos e serviços bancários para pessoa física. Eliminando os tradicionais feudos regionais, a iniciativa destacou o compromisso de toda a empresa de fazer que todos trabalhassem juntos em vendas cruzadas. Todo o novo departamento recebeu amplo treinamento de vendas cruzadas em cada produto e serviço para pessoa física que o Bank of America oferecia, com a mudança correspondente na forma como eles seriam compensados. O treinamento não era um evento isolado, mas contínuo à medida que as condições de mercado mudavam.

No passado, os funcionários "seriam heróis por vender um único produto — como empréstimos a pessoa física — extremamente bem. Mas isso não nos ajudava a desenvolver um relacionamento com nossos clientes para além daquele único produto", disse Rodney Ragland, que administrava 78 agências do Bank of America. "Mudamos isso, de modo que o vendedor fosse recompensado por desenvolver um relacionamento mais completo." A empresa estava eliminando as antigas formas de fazer negócios e destacando para os funcionários o que seria importante no futuro.

Para garantir que a nova abordagem de mercado desse certo, os funcionários em todos os níveis receberam metas específicas. Os gerentes de agência, por exemplo, foram informados do número de financiamentos imobiliários, contas-correntes ou empréstimos para compra de automóveis esperado que eles abrissem ou vendessem por mês. Inicialmente, essas metas, baseadas no tempo, foram definidas em níveis baixos. A ideia era criar entusiasmo para a nova abordagem. Garantindo alguns pontos com jogadas simples de uma ou duas bases, preparava-se o terreno para um *home run*, a grande jogada.

Mesmo assim, quando confrontados com esse tipo de objetivo concreto, pode haver uma tendência de os funcionários se concentrarem em alcançar suas próprias metas, "preciso vender mais dois financiamentos imobiliários hoje", correndo o risco de perder clientes com métodos forçados ou agressivos de venda. Para garantir que isso não acontecesse, o Bank of America deixou claro que até 40% da remuneração de um funcionário seria baseada nos escores de satisfação do cliente que eles recebiam.

Para incentivar os clientes a trocarem os concorrentes de nicho pelo Bank of America, o banco expandiu e personalizou sua linha de produtos. Por exemplo, ampliou as ofertas de financiamentos imobiliários para além das taxas fixas tradicionais de 15 anos ou 30 anos. Essas ofertas deram aos clientes mais opções e facilitaram os negócios com o banco. A partir de então, todas as transações podiam ser tratadas em um só lugar. Antes, se entrasse em uma agência e perguntasse sobre um financiamento imobiliário, o cliente receberia um número de telefone para ligar.

E se o cliente faz negócios suficientes com o banco (US$ 250 mil entre depósitos e empréstimos), recebe um "gerente exclusivo" que pode responder a todas as suas perguntas e que tem a flexibilidade necessária para cobrir as ofertas dos concorrentes. Mas a nova iniciativa do Bank of America foi ainda mais longe.

"Investimos muito tempo desenvolvendo nossa proposta de valor e isso tem de ir além das taxas", disse Percy Simpson, diretor de marketing da divisão de contas físicas do Bank of America. "Estamos explorando mercados específicos para descobrir o que eles querem."

Na verdade, como Liam McGee acrescentou, a segmentação foi a chave para tentar ganhar uma fatia maior da carteira do cliente. Para o curto prazo, o banco focalizaria três mercados específicos: a geração X, isto é, pessoas entre 25-35 anos, hispânicos e mães com filhos pequenos, com o objetivo de adicionar um milhão de clientes no ano seguinte.

Conquistar mais clientes em cada um desses três segmentos exigiria que o Bank of America mudasse — e talvez substancialmente — a forma como fazia negócios. O banco ainda precisaria aprender o que as pessoas de cada um desses grupos querem. "Quanto mais conhecemos, mais respostas podemos ter para oferecer produtos adicionais", é a maneira como quase todos os gerentes do Bank of America colocavam isso, mas algumas coisas já estavam mais claras.

Vejamos o mercado hispânico, por exemplo. "Muitos dos clientes que iremos atender são recém-chegados à América", disse McGee. "Eles muitas vezes vêm de lugares onde geralmente não há crédito disponível e os bancos não são confiáveis. Assim, teremos bastante trabalho ensinando como funciona o sistema bancário no país. E então há questões de idioma. Eles querem fazer negócios com a gente apenas em espanhol? Se alguns deles quiserem, vamos fornecer isso. Quando os hispânicos representam 60% do crescimento no nosso mercado, não estou certo se temos outra opção."

Para medir o desempenho do programa de vendas cruzadas, a empresa não apenas estabeleceu objetivos reais mensuráveis — "queremos que o número de aberturas de conta seja maior do que o número de fechamentos de conta" —, mas também criou sistemas para conhecer profundamente o mercado.

"Antes, comemoraríamos se os ativos subissem 3% durante um ano", disse Mark Reale, vice-presidente sênior do Bank of America, "mas o que não sabíamos era que o mercado como um todo havia subido 6% nesse período. Comemorávamos o fato de que estávamos perdendo participação de mercado. O Wal-Mart pode informar o que ele vendeu na última hora. Nós sequer sabíamos como havia sido nosso desempenho no mês passado. Isso, como tudo mais, mudou".

A partir daí, os gerentes recebiam resultados diários do desempenho das iniciativas de vendas cruzadas e, quando eles estavam abaixo das expectativas, os gerentes seniores começaram a fornecer aconselhamento. Os escores teriam de melhorar ou as pessoas seriam realocadas ou demitidas.

Como resultado dos novos programas, o Bank of America, naquela época, estava em vias de alcançar um crescimento de vendas de dois dígitos, a partir da sua iniciativa de vendas cruzadas. E fica claro que a equipe sênior mudou o código genético da organização. É difícil ouvir alguém na organização se autodescrever como um *banker* (bancário). Os funcionários se autodenominam *retailers* (varejistas) e a descrição é apropriada. Quando um cliente vai ao Wal-Mart, normalmente não compra um item, mas vários. Depois dessas mudanças, o Bank of America espera que o cliente compre diversos produtos (um financiamento imobiliário, um investimento, um empréstimo para um negócio etc.), e o banco está copiando a abordagem tradicional que os varejistas utilizam para fazer isso acontecer.

Tomadas em conjunto, todas as ferramentas que discutimos até agora — jogadas simples, diferenciar o bom do mau crescimento, liderança, produtividade da receita, orçamento para o crescimento, marketing *upstream*, vendas cruzadas — precisam ser parte do DNA de todos na organização. A cola que une tudo isso é o mecanismo social, tema do próximo capítulo.

# Criando o mecanismo social do aumento de receita

**É verdade** que uma ideia pode surgir enquanto você toma banho ou está sob uma árvore e uma maçã cai na sua cabeça. Mas a realidade é que a maioria das ideias é gerada quando as pessoas trocam informações. Quanto mais frequente é essa troca, mais ideias surgem. Quando essas interações focalizam o aumento da receita, delas resultam várias jogadas simples de um ou dois pontos, bem como um ocasional *home run*, uma grande jogada de quatro pontos no beisebol.

Essa é a ideia subjacente do mecanismo social, nosso termo para definir uma estrutura que permite que as informações fluam pelos canais corretos por toda a organização.

"Então, é apenas uma maneira elegante de dizer que as pessoas precisam conversar entre si?", pergunta o cético.

Não. Certamente, a comunicação é parte disso, mas estamos falando do fluxo de informações, algo que é mensurável e aprimorável.

O fluxo de informações tem estas quatro características:

1| **Não é filtrado**. A pessoa que aprendeu algo passa o conhecimento diretamente à parte interessada.

2| **É oportuno.** As informações são transmitidas quase imediatamente depois de terem sido aprendidas.

3| **É simultâneo, não sequencial.** As informações são simultaneamente transmitidas a todos que precisam delas. Elas não sobem e descem na hierarquia, o que consome tempo e, por definição, cria distorção.

4| **As informações são objetivas** e apresentadas de modo que as pessoas possam ver sua relevância.

Portanto, você pode perceber que o fluxo de informações é mais do que simplesmente falar. E quando acontece de maneira consistente e é feito com frequência, são estabelecidas relações sociais entre as pessoas, desenvolve-se confiança e até mesmo mais e melhores ideias começam a fluir. A arquitetura do mecanismo social quase sempre inclui informações não filtradas que provêm das vendas e dos clientes. Essa conexão é muito importante. Pode até salvar uma empresa. Foi certamente isso que aconteceu na Jo-Ann Stores.

Resultados financeiros decepcionantes e um futuro que parecia sombrio era o retrato melancólico que Alan Rosskamm, presidente e CEO da Jo-Ann Stores, enfrentava no início da década de 1990. Cofundada em 1943 por seus avós, emigrantes da Alemanha nazista, a cadeia de lojas, sediada em Hudson, Ohio, especializada em armarinhos, tinha problemas de fluxo de caixa. As vendas estavam caindo, os estoques estavam subindo e os gerentes das lojas estavam muito insatisfeitos, porque achavam que os produtos que recebiam não eram aqueles que o cliente queria.

Acusações mútuas aconteciam não apenas entre os três principais executivos, mas também entre os departamentos cruciais para o aumento da receita — merchandising (compras), logística e entrega, operações das lojas e tecnologia da informação.

O que acontece com frequência em situações como essas é algo como o seguinte:

O CEO levanta-se na frente de todos — ou envia um e-mail para toda a empresa — e começa: "Como todos sabem, nosso desempenho recente tem sido decepcionante...".

A partir daí, ele analisa as mudanças que serão feitas para melhorar as coisas: redução do número de funcionários, cortes orçamentários, maior envolvimento do CEO na rotina da empresa. O discurso ou memorando termina assim:

> *Nestes tempos de crise, é imperativo que todos trabalhem juntos. Feudos e isolamento não podem ser tolerados. Temos de derrubar as paredes. Por meio de colaboração, intercâmbio e trabalho em equipe, vamos vencer.*

E então, normalmente, nada acontece, exceto os cortes.

Rosskamm, no entanto, sabia que *alguma* coisa tinha de acontecer, e fazer que a empresa sobrevivesse e retomasse a lucratividade envolvia mais do que simplesmente falar de trabalho em equipe.

A primeira coisa que mudou foi que ele colocou em funcionamento os ingredientes de um mecanismo social. Ele estabeleceu um sistema de teleconferência a fim de conversar simultaneamente com dez dos principais gerentes de loja e com os principais compradores e gerentes de distribuição e merchandising da Jo-Ann.

Ele conduzia a teleconferência, e as únicas pessoas autorizadas a falar eram os gerentes de loja. As demais pessoas tinham de ouvir e tomar notas. A primeira chamada concentrou-se em questões cruciais que foram cuidadosamente pensadas:

» Quais são os três itens que mais faltam no estoque? No momento em que o terceiro gerente de loja falou, a resposta à pergunta começou a soar familiar.

» Quais são os três itens que mais sobram no estoque? Em alguns casos, o produto tinha de ser retirado de linha. Muitas vezes, porém, descobriu-se que algumas das lojas poderiam usar o excesso de estoque das outras.

» Qual é o número de clientes, ou seja, quantas pessoas visitam as lojas? Qual é a porcentagem dessas pessoas que compram alguma coisa? O que podemos fazer — sem cortar preços — para que mais pessoas comprem? Melhores produtos e displays? Realocar funcionários — mais pessoas junto aos clientes para ajudá-los? Mais caixas para reduzir as filas?

- » Qual é o mix de margens de lucro? Quais são os itens mais lucrativos? Como podemos vender mais desses itens? (Mais uma vez, é possível ver a conexão entre aumento das receitas e corte das despesas.)
- » Como são nossos preços em relação à concorrência? Eles precisam ser reduzidos? Aumentados?

A primeira teleconferência ocorreu uma semana antes do dia de Ação de Graças, e reuniões semelhantes aconteceram todos os dias nos três meses seguintes. O propósito delas não era de que as pessoas atacassem umas às outras ou que qualquer um ficasse na defensiva, mas sim coletar e filtrar informações relevantes *simultaneamente.*

Após a reunião, os gerentes de departamento estabeleciam prioridades, rearranjos e compromissos. As respostas às questões levantadas pelos gerentes de loja eram distribuídas 48 horas depois de cada reunião. Na segunda semana de janeiro, a Jo-Ann tinha resistido à crise de fluxo de caixa e começou a retomar o crescimento, e desde então se tornou o varejista líder no setor de armarinhos nos Estados Unidos.

Sejamos claros sobre uma coisa: a questão não é a teleconferência, mas o mecanismo social que constrói o fluxo de informações entre os gerentes de loja, compradores, gerentes de distribuição e merchandising e diretoria. A frequência com que essas informações fluem sem filtro e simultaneamente é crucial para o crescimento lucrativo.



## Por que isso é tão importante?

O processo de crescimento precisa de recursos financeiros para que novos produtos sejam desenvolvidos e lançados em novos mercados. Mas também exige algo mais: uma forma de colaborar para transmitir ideias, fazer as coisas, tomar decisões e avaliar as responsabilidades. Obviamente, ninguém discordaria sobre a importância que a colaboração tem, um tema que é discutido nas organizações tanto quanto o aumento da receita e a redução dos custos.

Falar da necessidade de todos trabalharem conjuntamente não adianta muito. Não surpreendentemente, a razão pela qual não há uma colaboração verdadeira em muitas organizações é semelhante à razão pela qual o crescimento pode ser tão enganoso. Não há um processo claro para fazê-lo acontecer:

nenhum sistema para comunicar o progresso e nenhuma penalidade por não alcançar o desempenho esperado.

Se tudo o que você faz é exortar as pessoas a mudar, elas não vão mudar. Não apenas elas precisam de uma razão real e tangível para mudar — uma razão que pode ser tão básica como "se as coisas não mudarem, você perderá o emprego" — elas precisam saber como mudar.

Desenvolver um mecanismo social permite que a colaboração ocorra naturalmente e ajuda a promover o crescimento.

## Como um mecanismo social constrói o crescimento

O que ocorre quando as pessoas interagem com a eficiência de uma equipe de *pit stop*? Aqui fica fácil ver um mecanismo social em ação. Basta dar uma olhada ao redor na próxima vez que estiver no aeroporto e você terá uma ótima oportunidade de ver o que acontece quando um mecanismo social bem lubrificado funciona. Tudo que você tem a fazer é estudar os procedimentos de *turnaround* (descarga, reabastecimento e recarga de um avião) de uma dada companhia aérea.

Eis como os procedimentos de *turnaround* funcionam. Digamos que o avião número 123 esteja vindo de Denver para O'Hare, Chicago, e depois tenha de se dirigir de volta a Denver com novos passageiros. O tempo de *turnaround* (de permanência em solo) mede quanto tempo leva para descarregar os passageiros, limpar e abastecer o avião, colocar a bordo os novos passageiros e liberar a aeronave para o novo voo. É o tempo total entre o momento em que o avião estaciona no *gate* e decola novamente.

Esse processo é um ótimo exemplo de um mecanismo social em ação, porque há 12 departamentos separados na companhia aérea que precisam trabalhar em conjunto para preparar o avião. Todos, desde o pessoal de limpeza e abastecimento, carregadores de bagagem e fornecedores de alimentos, até os funcionários de balcão e embarque no *gate* têm de trabalhar em conjunto para tornar os procedimentos de *turnaround* possíveis.

Por causa dessa complexidade, não surpreendente que o tempo médio de reabastecimento e recarga para a maioria das companhias aéreas seja de 40 minutos ou mais. Mas isso não se aplica à Southwest Airlines. Ela integrou o trabalho diário de todas as 12 funções em um mecanismo social que a empresa chama de *turnaround team*. Como resultado, o tempo de permanência em solo da Southwest é de apenas 18 minutos.

O que significa economizar 22 minutos por voo? Muito. Essa diferença dá à Southwest um voo adicional por avião, diariamente. Isso significa mais receitas com o mesmo plano todos os dias e uma estrutura de custo mais baixa. Combinar isso com uma estratégia totalmente diferenciada e padronização das aeronaves e dos procedimentos operacionais fez a Southwest tornar-se a companhia aérea mais valorizada do mundo. Mecanismos sociais podem ser uma fonte poderosa de crescimento lucrativo de receitas.

## Convertendo palavras em ação

O mecanismo social fornece a estrutura para que as pessoas trabalhem em conjunto e se comuniquem de forma eficaz para fazer as coisas. Ele fornece especificidade. Em vez de ouvir que "precisamos trabalhar juntos", sem que se tenha a menor ideia de como fazê-lo, o mecanismo social realmente alinha as pessoas de diferentes departamentos e então lhes dá uma tarefa definida a cumprir, assim todos podem trabalhar em direção a um objetivo claro e definido, da maneira como as equipes preparam os aviões da Southwest Airlines.

Há um segundo benefício também. Como vimos, sempre que duas ou mais pessoas trabalham em conjunto, uma relação social evolui e se propaga para o trabalho que estão fazendo juntas. Como todo mundo sabe claramente o que precisa ser feito, é muito provável que as interações sociais sejam positivas. Boas interações sociais levam naturalmente a melhores relações de trabalho e interações mais produtivas e isso, por sua vez, torna as interações sociais mais positivas, fornecendo ainda mais combustível para o mecanismo social. Como resultado, as pessoas trabalham em conjunto de forma mais eficiente, e expandem suas capacidades individuais. (Elas lidam com diferentes pessoas com distintos pontos de vista.) E como o mecanismo social abrange todos os níveis da empresa, as barreiras tradicionais entre os vários departamentos são derrubadas. Isso permite que a comunicação ocorra *simultaneamente*, não sequencialmente. Embora não pareça, faz uma diferença enorme.

Há dois problemas principais em mover o fluxo de informações sequencialmente por toda a hierarquia organizacional. O primeiro problema é que as informações ficam distorcidas. Assim como no velho jogo infantil do "telefone sem fio", algo se perde sempre que uma mensagem é transmitida. Além disso, o segundo receptor da mensagem (e cada um subsequente) não tem o contexto e o tom que acompanhou o que foi comunicado inicialmente.

O segundo fator, é claro, é a demora que ocorre para enviar as informações às pessoas apropriadas.

Mesmo que ninguém tenha sido mal-intencionado, as questões um e dois resultam na falta de confiança. É por isso que a comunicação simultânea em todas as direções é o coração do mecanismo social.

Agora, assim como qualquer tipo de engrenagem, esse mecanismo social deve ser construído precisamente, receber uma boa manutenção e ser usado corretamente. Caso contrário, ele começa a falhar, como ficou claro para a equipe de gerência de uma empresa de produtos de consumo com a qual trabalhei certa ocasião.

Perguntei: "Em uma escala de um a cinco, sendo cinco o ponto mais alto, quanto feedback a equipe de vendas coleta dos clientes sobre a) do que eles gostam e do que eles não gostam naquilo que você vende, e b) que novos produtos eles adorariam ver?".

Os gerentes conversaram por um minuto e disseram "dois". E acrescentaram que pelo menos parte disso era culpa deles. Eles reconheceram que não haviam solicitado esse tipo de feedback.

Então perguntei, "na mesma escala, como a equipe de vendas transmite o que ela aprendeu aos departamentos de marketing e P&D?".

"Um."

Em defesa dos vendedores, a verdade é que eles estavam tão ocupados tentando resolver problemas de faturamento e atrasos de entrega que não tinham muito tempo para fazer qualquer outra coisa, exceto tentar vender. Mesmo assim, esses escores são indicativos de uma receita para nenhum crescimento. Dada a complexidade das organizações de hoje em dia, um papel crucial para os líderes que querem crescimento orgânico é desenvolver e manter um ambiente em que colaboração e confiança sejam parte da ordem natural das coisas. Em outras palavras, é necessário estabelecer um mecanismo social.

## O que esse mecanismo social não é

Antes de mostrar o efeito que um mecanismo social bem estabelecido pode ter na organização, e antes de nos aprofundamos nos detalhes de como construir um, vamos dedicar um minuto para discutir o que um mecanismo social não é.

O mecanismo social não é uma força-tarefa. Sim, muitas vezes diferentes departamentos se unem quando uma força-tarefa é formada, mas a interação é limitada ao trabalho (a tarefa) em mãos e os membros da dela veem seu trabalho como uma tarefa adicional ao trabalho diário. O mecanismo social, em contraposição, é a forma como a organização se comunica todos os dias e envolve a todos. É como a organização faz negócios diariamente.

A segunda coisa a salientar é que o *mecanismo social* não é outra maneira de dizer *comunicação* ou *colaboração horizontal* para um determinado fim. Sim, há comunicação entre pessoas do mesmo nível dentro do mecanismo social, mas o que estamos falando aqui é muito mais amplo.

O mecanismo social cruza os feudos individuais na organização. A estrutura de uma organização, por sua própria natureza, inibe a colaboração. O mecanismo social incentiva a colaboração fazendo com que (como veremos) todos na organização focalizem o cliente e suas necessidades. Reprojetando a organização de modo que ela fique centrada no cliente, os bloqueios tradicionais da organização são reduzidos. Isso permite que aconteçam conexões reais entre as várias funções (marketing e desenvolvimento de produtos, por exemplo). O fluxo simultâneo de informações permite que as pessoas alinhem suas energias para o crescimento lucrativo.



## Como você constrói um mecanismo social?

O processo da criação de um mecanismo social começa focalizando as necessidades dos seus clientes — e potenciais clientes — e então alinha o funcionamento interno da empresa para atender essas necessidades.

Em outras palavras, a implantação correta de um mecanismo social permite que uma organização torne-se centrada no cliente.

Ser centrado no cliente é uma mentalidade. É uma forma de fazer negócios em que aquilo que o cliente quer e precisa é levado em conta em cada decisão que a empresa toma. Essas ações não se baseiam apenas em palpites ou intuição, mas em informações específicas coletadas dos clientes sobre o que é importante para eles e como eles tomam decisões.

Essa mentalidade centrada no cliente só estará completa se houver conexões entre o que foi aprendido a partir do cliente e os departamentos (vendas, marketing, P&D etc.) que podem agir sobre essas informações e transformá-las em crescimento lucrativo.

Essas conexões devem ser o ponto de partida. Então, e somente então, você pode criar a estrutura organizacional correta. Ao fazê-lo, você descobrirá que estar centrado no cliente tem três componentes distintos. Cada um deve ser observável e transparente. Vamos começar com o mais difícil de alcançar.

A parte mais difícil é certificar-se de que você está organizado por *segmentos de clientes*. A equipe de vendas da IBM organiza-se por segmentos de clientes — produção, serviços financeiros, recursos humanos, marketing etc. A Dell se organiza da mesma maneira. Quanto mais você conseguir alinhar a empresa para atender as necessidades dos clientes melhor. É por isso que mesmo se achar que está atendendo um mercado homogêneo — como editoras no mercado de livros — você quer explorar um pouco mais para identificar os segmentos específicos (leitor com interesses gerais, pessoas que querem informações para fins profissionais) ou por tipos de distribuição — livraria típicas versus varejista online. Quanto mais a equipe de vendas domina o funcionamento de um setor em particular, melhor ela pode atendê-lo.

O segundo componente de estar centrado no cliente? Todos na empresa — especialmente a gerência — estão *constantemente falando de clientes*, das necessidades dos clientes e de seus comportamentos de compra. O Wal-Mart é ótimo nisso. Os clientes e as necessidades dos clientes quase sempre são o principal assunto de todas as conversas que os executivos do Wal-Mart mantêm, tanto quanto o corte de custos, se não mais. (Por que o comportamento da gerência é tão importante? Porque os funcionários gastam uma quantidade desproporcional de tempo estudando o que o chefe faz.)

E o terceiro fator exige que a *voz do cliente* esteja presente em todos os níveis da organização sempre que possível. A alta gerência está trabalhando com os clientes diretamente? O pessoal de atendimento ao cliente tem dado feedback (e sugestões de novos produtos e melhorias) sobre as reclamações que eles ouvem dos clientes para os departamentos que criam novos produtos com base no que é aprendido?

Esses são os três fatores fundamentais para que uma empresa se torne verdadeiramente centrada no cliente e que satisfaça as necessidades dele.

## Criando a estrutura organizacional centrada no cliente

O grande problema, é claro, é alinhar tudo para que você possa cuidar dos seus clientes. Por exemplo, as equipes de vendas e marketing frequentemente se reportam a uma pessoa diferente. E, talvez não haja mecanismos naturais para as pessoas do atendimento ao cliente (ou a equipe de vendas, nesse sentido) informarem os departamentos de marketing ou P&D sobre o que elas aprenderam falando com os clientes.

Pior, provavelmente não há nenhum incentivo especial para as pessoas do departamento de vendas ou do atendimento ao cliente, apenas para dar dois exemplos, compartilharem essas informações. Eles não veem isso como parte das suas funções, já que provavelmente não são pagas ou recompensadas por criar esse tipo de vínculo.

Claramente, a única pessoa que pode criar esse tipo de alinhamento é o líder — seja ele o chefe da unidade de negócio ou o CEO da organização.

Para fazer isso, ele deve responder a três perguntas distintas:

- Como devemos configurar a estrutura organizacional para poder ganhar o máximo possível da carteira do cliente?
- Simultaneamente, como vamos criar conexões entre os vários departamentos da empresa?
- Que habilidades os gerentes precisam ter para que a empresa centrada no cliente funcione?

A maneira como você responde a essas três perguntas irá ajudá-lo a criar o mecanismo social necessário para alimentar o crescimento.

## Respondendo nossas três perguntas

Você começa a criar um mecanismo social encontrando respostas à nossa primeira pergunta: Qual é estrutura necessária para aumentar as receitas provenientes dos nossos clientes (ou das pessoas que querem ser nossos clientes)?

Mais uma vez, como você pode ver, o foco é de fora para dentro. Você analisa a necessidade do mercado e então alinha os recursos correspondentemente.

Por exemplo, suponha que seu negócio seja o de cupons. Você imprime encartes para os jornais de domingo e para os cupons que as pessoas recebem dos comerciantes na vizinhança. O que você faria para criar a estrutura organizacional necessária?

Bem, seu ponto de partida é a pergunta que levantamos no início:

» Quem é seu cliente (e potencial cliente)?
» Quais são as necessidades de cada um desses segmentos de clientes?

Obviamente, o dono da empresa tem respostas intuitivas a essas perguntas. Todos os executivos teriam. Mas voltando bem lá no começo, inevitavelmente descobrimos novos mercados há muito tempo negligenciados ou esquecidos.

Assim, o líder da nossa empresa fictícia de cupons começaria analisando os orçamentos de marketing dos segmentos de clientes: refrigerantes, fast food, cereais, creme dental, fraldas e assim por diante. Em seguida, ele prepararia a equipe de vendas para conhecer profundamente as necessidades de cada um desses segmentos. Ele então pergunta que parte dos gastos é dedicada aos cupons, ou poderia ser dedicada aos cupons. Obviamente, o líder quer ganhar todos os investimentos em cupons feitos pelos clientes que ele ainda não tem, mas também quer ver se pode aumentar os gastos em cupons convencendo os clientes de que sua oferta é uma alternativa mais eficaz àquilo que eles atualmente fazem (publicidade de mercado em massa, por exemplo).

A partir daí, ele poderia avaliar quais produtos a empresa talvez queira adicionar para fazer mais negócios com seus clientes. Por exemplo, ele poderia criar uma operação de *atendimento* para lidar com o processamento e resgate dos cupons que a empresa oferece. (Alguém tem de se certificar de que as lojas sejam reembolsadas pela dedução do valor do cupom na conta do consumidor.)

O processo não seria diferente para você. Você tenta estabelecer o que deve vender, ou fornecer, para obter uma maior fatia na carteira do cliente.

Depois de determinar claramente o que venderá, você começa a passar para o próximo passo da construção do mecanismo social — alinhar as pessoas com o objetivo.

Aqui, você deve determinar qual deve ser a conexão entre as equipes de marketing e vendas. O departamento de marketing realmente faz marketing? Essa é outra maneira de perguntar se o departamento de marketing está em sintonia com as pessoas com as quais você quer entrar em contato (empresas de produtos alimentícios, no caso da empresa de cupons) e então determinar e criar os programas necessários que irão levá-los a fazer negócios com você. Eles estão fazendo tudo isso, ou apenas publicidade?

Então, como líder, você deve descobrir como tudo isso se relaciona com o desenvolvimento de produtos. Que sistemas estão implantados para que os departamentos de vendas, marketing e serviço de atendimento ao cliente possam transmitir as informações que aprenderam com o cliente? Elas são rotineiras e consistentes?

O serviço de atendimento ao cliente pode ser uma incrível fonte de ideias capazes de levar a pequenas melhorias incrementais. Seus atendentes mantêm contato diário direto com os clientes. Se você treinar os operadores de telefonia para que eles façam mais algumas perguntas sempre que eles interagem com um cliente, poderá descobrir não apenas do que eles não gostam em seus produtos — características, ou talvez linhas inteiras de produtos que podem ser eliminadas — mas também o que eles querem que você adicione. Isso, obviamente, pode levar à criação de novos produtos, novos serviços e, sobretudo, a novas receitas.

Coletar essas informações dos clientes e potenciais clientes não é difícil. Mas essas informações serão inúteis se não houver um mecanismo adequado para o pessoal de atendimento ao cliente transmitir o que eles aprenderam para as partes apropriadas da organização.

Assim, você quer que o departamento de atendimento ao cliente:

1| **Faça perguntas** sobre as necessidades dos clientes durante cada interação.

2| **Colete informações** sobre o que o seu pessoal aprendeu.

3| **Transmita essas informações** para os locais adequados na organização.

Se isso não for feito, o faturamento não crescerá tão rapidamente ou tão eficientemente como deveria. Fica extremamente difícil obter o crescimento sem esse tipo de feedback e o alinhamento adequado de seus recursos humanos. E é provável que as coisas não estejam corretamente alinhadas hoje. A razão disso é simples. Sua empresa, se for uma empresa típica, tem um organograma *top-down*.

Para satisfazer os clientes, você precisará criar fluxos horizontais de informações. As pessoas que estão no mesmo nível na organização — os chefes de marketing e P&D, por exemplo — terão de trabalhar em conjunto diretamente.

Isso pode exigir que os gerentes aprendam um conjunto diferente de habilidades. A maioria dos gerentes se sente à vontade em uma estrutura organizacional vertical. Nesse arranjo de cima para baixo, eles têm o poder que a hierarquia lhes proporciona para fazer as coisas. Eles podem usar suas posições no organograma para controlar o modo como os recursos são alocados e a maneira como as pessoas são pagas, e isso muitas vezes é suficiente para deixá-las realizadas.

No contexto das colaborações horizontais, os gerentes não controlam essas alavancas. Eles precisam convencer as pessoas e construir relacionamentos para fazer as coisas, e isso pode exigir habilidades que eles não têm. Eles terão de conquistar essas habilidades, porque é imperativo que essas colaborações horizontais funcionem.

Criar esse alinhamento horizontal muitas vezes envolve lidar com conflitos de personalidade que drenam muita energia. Os chefes de marketing e P&D, duas pessoas que provavelmente não passaram muito tempo juntas, podem não gostar um do outro. É função do líder garantir que precisa mudar. Vou deixar para você descobrir o que precisa ser feito, mas destaco que a colaboração deve funcionar eficazmente. Se forem necessárias mudanças na organização ou nas pessoas para que isso aconteça, faça as mudanças.

É preciso haver sistemas que façam com que a equipe de vendas interaja com o P&D regularmente e que garantam que o pessoal de marketing receba relatórios a partir do departamento de atendimento ao cliente. E a estrutura dos sistemas não pode ser vaga. Você não pode dizer, "Sue, entre em contato com Bob". Você precisa ser específico. Você precisa dizer: "O vice-presidente de marketing terá uma reunião com o chefe do departamento de vendas semanalmente e revisará os clientes-alvo. O gerente de vendas deve receber relatórios diários das atividades de vendas das 25 principais contas". Você precisa ter esse nível de detalhe. Esse nível de sincronização. Quando isso acontece, eles praticam conjuntamente as habilidades da colaboração horizontal.

A função do gerente de negócios, do líder, é criar essa sincronização. Você precisa criar os mecanismos que levem ao diálogo e às interações necessárias.

A liderança da organização precisa fazer que várias pessoas em vários departamentos não apenas trabalhem em conjunto, mas se integrem.

Mais uma vez, isso força o líder a focalizar o lado operacional do negócio. E, geralmente, implica conectar os departamentos de marketing e vendas ao departamento de desenvolvimento de produtos e o serviço de atendimento ao cliente. Se isso acontecer, você obterá uma maior fatia da carteira do cliente. Se você não tiver esse tipo de alinhamento, se as pessoas não conversarem entre si, ou não entenderem o que os outros estão fazendo, as coisas não podem caminhar bem. Quando se trata de criar um mecanismo social, o papel do líder é muito simples. Tudo se resume a arregaçar as mangas e fazer que as partes necessárias cumpram suas funções. Então, quando essas partes estiverem no lugar, você deve certificar-se de que tudo está correndo bem, consistentemente e na velocidade adequada.

Por exemplo, você pode ver o impacto das conexões eficazes entre feudos se analisar a transformação que aconteceu na DuPont.

O código genético da empresa voltado a pesquisas sempre foi optar por *home runs*, as grandes jogadas do beisebol, para continuar com nossa metáfora. A empresa se orgulha, legitimamente, por lançar descobertas revolucionárias como o nylon e o Kevlar. Mas como vimos por todo este livro, *home runs* são relativamente raros. E, de fato, esse tipo de inovação da DuPont caiu significativamente.

Sob a direção do presidente e CEO Charles (Chad) O. Holliday Jr., os principais executivos da empresa começaram a indagar se poderiam conectar mais estreitamente as prioridades do departamento de pesquisa às necessidades dos clientes no mercado.

Para ressaltar o novo foco, Thomas M. Connelly, gerente de uma unidade de negócio, que também é formado em engenharia química pela Universidade de Cambridge, foi nomeado chefe de P&D. E uma das primeiras coisas que Connelly fez foi mudar a orientação do departamento.

Em vez de buscar ideias de US$ 500 milhões, o foco mudou para apresentar inovações que poderiam levar a produtos com US$ 50 milhões a US$ 100 milhões em vendas. E para encontrá-los, a ênfase do departamento de P&D passou de um olhar interno — como podemos melhorar a qualidade do que temos; de onde vem a próxima grande ideia — para um olhar externo e tentar resolver as necessidades dos clientes, não apenas por meio de grandes jogadas de longo prazo, mas também com jogadas simples.

"Historicamente, criamos coisas e então as lançamos no mercado", disse o vice-presidente executivo John C. Hodgson. "Mas ao longo do tempo, as necessidades dos nossos clientes mudaram mais rápido do que nossa capacidade de acompanhá-las."

Para corrigir isso, a DuPont alterou a forma como ela alocava recursos para P&D. "No passado, alocávamos recursos quase da mesma maneira entre todos os nossos negócios", diz Hodgson. "Hoje, as áreas de crescimento mais rápido recebem a maior fatia do que investimos."

Para garantir que os recursos continuem sendo alocados com eficiência, a liderança sênior agora se envolve diretamente nos principais programas de pesquisa, de maneira contínua.

"Nosso conselho para o crescimento, composto por todos os vice-presidentes do grupo, Tom e eu, reúne-se a cada quatro a seis semanas e reavalia o progresso. Analisamos literalmente centenas de programas em andamento por toda a empresa e tentamos entender quais darão maior lucro. Tratamos esses programas de alto potencial de maneira diferenciada. Eles recebem mais recursos e são monitorados mais de perto. Isso resultou em um foco muito diferente. Há conexões muito mais estreitas entre a área comercial e as áreas de pesquisa e tecnologia." A ferramenta utilizada pela equipe de executivos para fazer essas avaliações é um painel online que torna transparente se os projetos prioritários estão sendo adequadamente implementados.

Como resultado desse novo enfoque, a DuPont esteve, na época, em vias de cumprir sua meta de obter 33% das receitas a partir de produtos com cinco anos de vida ou menos. Na momento em que a decisão foi tomada para mudar o foco do P&D, esse número era de apenas 20%.

## Criando o mecanismo social: um guia passo a passo

Como se cria um mecanismo social? Essa é uma pergunta que me fazem frequentemente quando as pessoas ouvem falar de um mecanismo social e querem implementá-lo. Considere este como seu guia de implementação:

**Passo 1**. A *alta gerência* percebe que as maneiras atuais de tentar gerar receitas mais lucrativas não estão funcionando bem.

**Passo 2.** *Eles*, individual e coletivamente, acham que o crescimento não é apenas possível, mas desejável e necessário. Se eles não acreditam — realmente — que o crescimento lucrativo é importante, nada vai acontecer. Se eles acreditam, o próximo passo é conversar com o pessoal e dizer que a empresa crescerá mais do que no passado. Essa afirmação deve ser baseada em fatos. Os números que eles apresentarem devem ser factíveis e críveis. Deve haver realismo, não bravata. Por exemplo, a alta gerência pode visar um crescimento mais rápido das vendas anuais, como 3% a 4%. O número deve ser grande o suficiente para ser significativo, mas não tão grande que as pessoas desconfiem dele. Conquistar 3% a 4% em um ambiente onde as vendas de todas as outras empresas estão basicamente estagnadas é realmente impressionante.

**Passo 3.** *Os gerentes de unidades de negócio sobem no mesmo barco.* Eles endossam sinceramente a ideia de crescimento e a transmitem de forma eficaz aos funcionários.

**Passo 4.** *Ferramentas são adicionadas.* Todos dominam as ferramentas de crescimento apresentadas neste livro e se preparam para pontuar com jogadas mais simples, isto é, desenvolver pequenas melhorias incrementais. Como o CEO de uma empresa com US$ 4 bilhões em vendas disse certa vez, "costumava estabelecer metas muito altas, dizendo às pessoas para procurar uma ideia de meio bilhão de dólares. Trabalhar em projetos que nos trará outros US$ 50 milhões em vendas dentro de três anos também é bom. E, obviamente, se dez das nossas filiais alcançarem isso, temos esses US$ 500 milhões adicionais em vendas baseadas em um crescimento mais orgânico e natural".

**Passo 5.** *Ideias de crescimento são testadas.* Cada departamento forma uma equipe multifuncional, operando horizontalmente, para colocar em teste o mecanismo de crescimento. Eles têm cem dias para apresentar um plano que vai colher frutos nos galhos mais baixos. O prazo final de cem dias é importante porque concentra a atenção de todos e revela potenciais problemas rapidamente. Quando a equipe é bem-sucedida, ela é muito bem recompensada, o que, é claro, faz que outros funcionários queiram participar, e um grande número de projetos de cem dias é lançado simultaneamente.

**Passo 6.** *Depois que vitórias de curto prazo convencerem todos na organização que o crescimento é possível*, a empresa começará a focalizar simultaneamente três rotas. Um foco são as vitórias de prazo relativamente curto, aquelas que podem ocorrer dentro de um ano. O segundo são projetos que podem vir a ser concretizados em dois a cinco anos, e o terceiro é para projetos mais longos do que isso. As perguntas que devem ser feitas são as mesmas: Quais são os projetos, orçamento e recursos necessários? Apenas os cronogramas são diferentes.

**Passo 7.** *Um sistema de monitoramento e avaliação é posto em prática para garantir que o mecanismo social continue a funcionar sem problemas*. Especificamente, os líderes verificam se a estratégia geral que comanda o mecanismo de crescimento é a correta, se as pessoas requeridas podem executá-la e se o orçamento de crescimento faz sentido. A ideia aqui é garantir que o mecanismo de crescimento esteja institucionalizado na organização.

## Mantendo o mecanismo em pleno funcionamento

Você criou o mecanismo social. As conexões necessárias que discutimos estão no lugar. Gerentes em todos os níveis conversam diretamente com os clientes. Todo mundo trabalha para identificar as necessidades dos clientes e potenciais áreas que podem levar a pequenos lucros. Terminou? Quase.

Você precisa fazer mais quatro coisas:

Você só quer certificar-se de que as conexões irão gerar bom crescimento, isto é, satisfazer os quatro requisitos de bom crescimento — crescimento lucrativo, sustentável, orgânico e diferenciado. Como vimos, o crescimento por si só não é suficiente.

E você precisa começar a avaliar as pessoas em relação a outro conjunto de critérios. Não é só avaliá-las pelos padrões tradicionais — cumprir suas funções e prazos finais, atender as necessidades de clientes externos etc. — mas certificar-se de que elas também tenham outras três habilidades fundamentais: boa capacidade de comunicação, boa integração com o mecanismo social e desempenho eficaz no ambiente de colaboração horizontal.

### Habilidades-chave: comunicação e fluxo de informações

Quase todo tipo de trabalho envolve a colaboração entre duas ou mais pessoas. E não há dois seres humanos que possam trabalhar juntos sem um fluxo de informações. É bem fácil entender por que isso ocorre, se você pensar no assunto. Quando as pessoas trabalham, a primeira coisa que fazem é processar informações, agregar valor e passar o trabalho concluído para outra pessoa.

Mas o fluxo de informações é condicionado pelas relações entre as pessoas que lidam com as informações; sem que nada mais mude, quanto melhor a qualidade da comunicação, melhor será o resultado.

Como melhorar a comunicação? Faça as seguintes perguntas (e mude o que for necessário se a resposta a uma ou mais perguntas for não), quanto às pessoas que interagem:

- » Elas deixam claro, não apenas suas próprias prioridades, mas as prioridades das pessoas com quem elas lidam?
- » Se trabalham juntas em um projeto com um longo cronograma, elas sabem o que precisa ser feito no curto prazo: nas próximas semanas, no próximo mês, nos próximos dois trimestres?
- » Elas podem identificar e eliminar bloqueios no fluxo de informações?
- » Elas estão no mesmo barco quando se trata de compreender os processos que devem ser seguidos para que o trabalho seja concluído de forma eficiente?
- » Elas têm um mecanismo para a resolução de conflitos?
- » Elas sabem lidar com as pessoas que não fazem sua parte do trabalho ou não se empenham?
- » Elas estão comprometidas em ajudar umas às outras para melhorar o desempenho?
- » Elas são reconhecidas e recompensadas pela colaboração horizontal?

Os fluxos de comunicação e informação são fundamentais para construir um mecanismo que impulsione o crescimento na organização, como a Jo-Ann Stores aprendeu da maneira mais difícil.

### Habilidade-chave: Ter as pessoas certas

Depois que a estrutura está implantada, o líder — seja ele o CEO ou o gerente da unidade de negócio — deve certificar-se de que tem as pessoas certas para assegurar que o mecanismo social funcione eficientemente.

Correndo o risco de me repetir, deixe-me voltar a salientar que isso envolve profundamente o líder no lado operacional — e não apenas estratégico — do negócio. Certificar-se de que tudo isso seja feito é função do líder. A execução é algo que não pode ser delegada.

Como a execução é crucial, o líder precisa responder a todo tipo de pergunta ao se confrontar com a questão da alocação dos recursos humanos:

» Temos as pessoas certas com as habilidades certas para o que estamos tentando fazer?
» Elas estão no lugar certo?

Todas essas questões emergem logicamente a partir do foco no cliente. Depois de saber o que os clientes querem, você então cria a estrutura organizacional, certificando-se de que tem as pessoas certas disponíveis para fazer isso acontecer.

Vamos lidar com as questões de pessoal uma de cada vez, começando com "temos os funcionários certos para o que estamos tentando fazer?".

A frase "funcionários certos" tem duas partes. Os funcionários devem ter as habilidades necessárias para fazer o trabalho, é claro, mas também devem ter a atitude certa. Além de se comprometer a fazer a organização crescer, eles também devem estar comprometidos com a colaboração horizontal que tornará esse crescimento possível. Estrutura organizacional, por definição, divide; boas pessoas integram.

Se pensar no assunto, você chegará à conclusão de que a estrutura organizacional tradicional impede a colaboração. Há duas razões básicas para isso. Primeiro, as pessoas costumam se prender àquilo que parecem ser feudos quando você visualiza o organograma. Toda a carreira delas foi construída nos departamentos de finanças, recursos humanos, ou onde que quer que seja, ascendendo cada vez mais no respectivo feudo e tendo contato limitado com o restante da organização.

E a natureza hierárquica da estrutura organizacional também limita a colaboração. Por isso, acredito que os gerentes seniores devem manter contato direto com os clientes e a equipe de vendas. Mas cerca de metade das vezes em que sugeri isso para um CEO, por exemplo, ele me disse: "Não posso gastar tanto tempo com o pessoal de vendas. O chefe da equipe de vendas está três níveis abaixo de mim no organograma e ele se sentiria ameaçado".

Claramente, a forma como as empresas se organizam pode limitar a colaboração necessária para produzir o crescimento. Somente as pessoas comprometidas com o crescimento, que compreendem a importância das conexões não só por toda a organização, mas entre a organização e seus clientes, podem produzir crescimento.

Portanto, isso significa que quando você, o líder, avalia as pessoas, deve fazer isso com base em três critérios principais:

» Elas têm as habilidades necessárias?
» Essas habilidades estão atualizadas?
» Elas têm a atitude correta?

Vejamos cada um desses fatores individualmente.

A parte das habilidades necessárias não é tão evidente como você imagina. Por quê? Porque os funcionários poderiam definir seus papéis indevidamente. Eles poderiam ter habilidades incríveis quando se trata de publicidade, mas se publicidade for tudo o que eles fazem e estiverem na posição chamada vice-presidente de marketing, algo está errado.

Mas, mesmo que a pessoa tenha as habilidades certas, isso não significa que essas habilidades estejam atualizadas.

Quando ocorrem gargalos e problemas, ao procurar o responsável, é sempre fácil não considerar culpado alguém que no passado teve um bom desempenho. Isso seria um erro. Passado é passado. É mais do que provável que a função tenha mudado, e você deve avaliar a pessoa utilizando novos critérios.

Um de meus clientes contou certa vez que "em 30 anos nossa equipe de vendas nunca mudou a forma como faz as coisas". Ele disse isso com uma ponta de orgulho, como uma maneira de me dar um exemplo de como a empresa é estável e como os processos são eficientes. Era outra forma de se vangloriar dizendo: "Somos bons, ainda não foi necessário mudar nada em três décadas". Mas você pode imaginar como as coisas mudaram nos últimos 30 anos e as oportunidades que eles perderam?

Por fim, um dos recursos mais importantes que você tem é uma correspondência entre as características dominantes da função e as características dominantes de quem a desempenha. Você está sempre procurando um encaixe perfeito, como quando se diz: "Essa pessoa nasceu para essa função".

Alinhar as pessoas certas corretamente proporciona uma força poderosa. Quando estão alinhadas, você tem mais uma pergunta a fazer e responder: temos a pessoa certa para executar essa colaboração horizontal especial?

### Habilidade-chave: Colaboração

Ter as pessoas certas é um poderoso fator de aumento da receita. Mas exatamente como, você poderia se perguntar, eles trabalham em conjunto? Vamos marcar uma reunião típica para ver como a interação pode funcionar e mostrar como um mecanismo social faz que as pessoas interajam de forma diferente.

Se você fosse uma mosca na parede, a primeira coisa que notaria é como essa reunião é focada. Em vez de brigar sobre quais departamentos não estão cooperando, aqui a atenção de todos está fora da organização. O que temos de fazer para conseguir uma fatia ligeiramente maior da carteira do cliente? Esse foco é visível não apenas porque é compartilhado por todos, mas também porque está em contraste nítido com o que ocorre na reunião típica. Aí, o foco é tão diluído que é como ver alguém regando o deserto com uma colher de chá.

Ao observar a sala durante uma reunião, você perceberá uma coisa interessante. Apenas as pessoas que precisam estar lá estão lá. Não é uma questão de prestígio estar presente, e a reunião não é um espetáculo. Essa reunião é projetada para que alguma coisa seja feita.

Você pode ver a rapidez com que as coisas acontecem. As decisões são tomadas ali mesmo. Quando o gerente de vendas informa que um terço dos funcionários têm problemas para explicar a proposta de valor da empresa em termos financeiros que façam sentido para o cliente, o diretor financeiro se prontifica para definir uma série de reuniões de treinamento semanais de uma hora que começariam na próxima semana. Depois de dizer que uma venda para um cliente importante está novamente parada por causa de "questões jurídicas incrivelmente insignificantes", o diretor financeiro se volta para o diretor do departamento jurídico, que diz que marcará um almoço com o colega do cliente ainda nesta semana.

Talvez o que seja mais impressionante sobre a reunião é o que acontece posteriormente. Tudo o que foi decidido torna-se imediatamente conhecido por toda a empresa, graças à intranet corporativa, que suplementa a comunicação tradicional. E todos os assuntos pendentes são colocados em dia. Na próxima reunião, os resultados da primeira sessão de treinamento da equipe de vendas liderada pelo diretor financeiro e os resultados do almoço do diretor jurídico com seu colega terão prioridade máxima.

Líderes em todos os níveis devem estar dispostos a tornar os limites corporativos porosos a fim de viabilizar a colaboração horizontal. E isso significa que há mais uma questão que deve ser adicionada à lista de verificação quando se trata de avaliar os funcionários: "Eles conseguem trabalhar em um ambiente horizontal?".

O mecanismo social é a forma mais eficaz de coordenar e aproveitar toda a força necessária para a organização crescer. Para que um conjunto de metas seja alcançado, especialmente metas de aumento da receita, as pessoas certas precisam se envolver no diálogo e nas interações que serão a base para alcançá-las. O mecanismo social é construído por meio da prática, com todos os protagonistas trabalhando em conjunto, tomando decisões, definindo prioridades e compartilhando as mesmas informações.

# 10

# Convertendo inovação em aumento de receita

**O aumento da receita** começa com uma ideia. A ideia poderia ser para um novo produto ou um novo serviço. Ou ela pode ser um complemento para um produto ou serviço existente. Ou pode ser uma ideia que começa quase como especulação fútil — "Pergunto-me o que aconteceria se...".

Minha experiência é de que funcionários, dos recrutas mais inexperientes a veteranos tarimbados do negócio, têm ideias, e muitas delas têm o potencial de ajudar a empresa. O desafio da liderança é ter um processo social que ajude a extraí-las. Afinal, essas ideias não resultarão em nada de positivo para a empresa se as pessoas não as expressarem. O mecanismo social pode ajudar, é claro. As interações entre os vários departamentos — marketing e P&D, por exemplo, ou atendimento ao cliente e vendas — estimularão mais ideias que valem a pena implementar.

A empresa não precisa esperar que a notória lâmpada acenda a fim de propor novas ideias. A inovação pode ser operacionalizada e é isso que discutiremos aqui: fornecer um processo que você pode seguir para fazer as ideias emergirem e, então, desenvolver o maior número possível delas para implementar o crescimento.

Ao contrário do corte de custos, o aumento das receitas exige inovação. Muitas pessoas acham que só os gênios podem inovar. E, de fato, gênios sempre são bem-vindos. Mas descobri que a inovação é um processo social e todos podem participar. E, de fato, depois que o processo está firmemente integrado à maneira como a empresa faz negócios todos os dias, você encontrará cada vez mais gênios saindo da toca.

O vale do Silício está cheio de gênios. Mas se analisar todos os empresários de sucesso que trabalham lá, você descobrirá uma coisa curiosa. A grande maioria deles trabalhava — muitas vezes por longo tempo — em empresas consagradas antes de abrir a sua. É claro que parte da atração de abrir sua própria empresa está na liberdade e na participação acionária que vêm como parte do negócio. Mas outra razão para deixar o emprego teve a ver com o fato de que suas empresas não conseguiam acomodar a eles e o que eles queriam fazer. Se os ex-empregadores tivessem lidado melhor com o processo de inovação social, certa percentagem dos atuais empresários ainda continuaria lá e, provavelmente, eles contribuiriam bastante para o crescimento das ex-empresas.

Vamos analisar o processo pelo qual é possível transformar inovação em crescimento lucrativo, reconhecendo que o caminho entre a ideia e a implementação do produto nunca é tão linear como parece quando você o traça no papel. Em cada passo ao longo do caminho, veremos um exemplo concreto de como um departamento de uma empresa — a Honeywell Aerospace, parte da Honeywell International — desenvolveu e seguiu um processo social e apresentou um produto que tem o potencial de aumentar as receitas significativamente.

Isso não era coisa pequena. A Honeywell Aerospace é uma provedora líder global de aviônicas integradas, motores, sistemas e soluções de serviços para fabricantes de aviões, companhias aéreas, aviação geral e comercial, militar, espacial e operações aeroportuárias. Assim como o restante da empresa, a divisão de US$ 9 bilhões, com sede em Phoenix, Arizona, tem ajudado a melhorar significativamente a produtividade.

Quando se tornou o CEO, David Cote quis fazer a empresa passar por um crescimento orgânico, mas as tentativas iniciais foram localizadas e inconsistentes, principalmente devido ao fato de as pessoas não terem interesse no aumento de receita.

Para mudar as coisas, Cote procurou um departamento que pudesse servir como modelo para o comportamento de crescimento que ele buscava. Ele encontrou um voluntário disposto em Bob Johnson, chefe da divisão aeroespacial, que estava disposto a participar do crescimento da maior divisão da Honeywell.

O gráfico abaixo descreve como a Honeywell Aerospace fez para transformar um conceito em produto. Este é um modelo que sua empresa também pode usar.

| **Concepção** | **Seleção** | **Cultivo** | **Implementação** |
|---|---|---|---|
| • Fluxo interno de ideias<br>• Fluxo externo de ideias<br>• Mecanismos para onde essas ideias fluirão | • Composição da equipe de seleção | • Contatos<br>• A liderança é diferente em cada fase<br>• Tenacidade e paciência — a composição da equipe | • Disponibilidade de fundos para a implementação<br>• Conexão entre concepção, seleção e cultivo<br>• Cronograma |
| **Eliminação antecipada de falhas** | | | |
| **Classificação** | | | |
| 1–10 | 1–10 | 1–10 | 1–10 |

Há cinco componentes para a inovação — concepção, seleção, cultivo, implementação e eliminação antecipada de falhas. Mas antes de discutir cada um deles, há quatro fatores a observar.

O primeiro é que todos os componentes estão inter-relacionados, embora a maioria das pessoas não perceba isso. Você precisa saber como os quatro primeiros componentes se interconectam, porque o rompimento de um pode afetar o que acontece posteriormente. Se você puder melhorar o cultivo e a implementação das ideias, por exemplo, poderá melhorar fluxo delas.

O segundo fator é que isso é um processo observável. Você pode observar e diagnosticar a maneira como a empresa lida com cada componente. (É por isso que sugiro classificar a capacidade da empresa de lidar com cada função em uma escala de um a dez.) E você também será capaz de observar como a empresa, ou unidade de negócio, lida com o fluxo geral dentro cada um desses cinco componentes. O processo de seleção deve ser transparente. Todos devem conhecer os critérios que decidirão se o conceito será financiado.

Terceiro, você não pode perseguir todas as ideias, assim como nem todas são criadas da mesma maneira. Depois de levantar o maior número possível de ideias, selecione as melhores para financiar. E elimine as demais. (No final do capítulo, discutiremos os critérios utilizados para tomar essa decisão.)

A questão final: estas são cinco etapas distintas para colocar uma ideia no mercado. Cada uma requer um conjunto único de habilidades.

Com tudo isso contextualizado, vamos discutir os quatro componentes individuais do processo de crescimento e mostrar como a Honeywell Aerospace as coloca em ação.

## Concepção

Concepção é o fluxo de ideias que pode ser convertido em crescimento em uma base consistente. Ideias para novos produtos ou serviços podem vir de dois lugares: de dentro da organização ou de fora dela. Primeiro vamos lidar com as fontes internas.

Às vezes, ouço CEOs dizendo "Não temos ideias suficientes dentro da nossa organização. Elas não estão fluindo, e as que aparecem não são muito boas".

Frequentemente, a explicação é que contrataram as pessoas erradas, ou que elas simplesmente não são suficientemente criativas.

Isso é possível, é claro, mas acho que raramente é a verdadeira explicação.

A razão pela qual talvez não haja ideias suficientes pode ser algo tão simples como as pessoas acharem que você, o líder, não leva a sério o crescimento, e assim elas concentram a atenção em outras questões. Se o líder simplesmente falar sobre o crescimento sem colocá-lo em prática, então as pessoas irão ignorá-lo.

Outra possibilidade: as ideias estão lá, mas encontram-se enterradas sob camadas de burocracia que evitam que elas venham à tona.

Uma terceira possibilidade: as pessoas têm ideias potencialmente boas, mas têm medo de expressá-las, porque não há nada na cultura corporativa que vá recompensá-las por correr riscos, ao passo que muitas coisas poderão prejudicar suas carreiras se as ideias que propuserem não funcionarem. Muitas vezes isso é um problema sério. Você precisa certificar-se de que os empregados se sentem seguros para correr riscos.

A quarta coisa a verificar: qual é o desempenho das redes informais na empresa — por exemplo, entre vendas e P&D —, em que pessoas de diferentes departamentos se comunicam constantemente e promovem ideias? Essas interações são muito demoradas e complicadas, e os funcionários se sentem desconectados das pessoas fora dos respectivos departamentos?

A última pergunta a fazer é: como líder, nas reuniões de equipe, você tenta *regularmente* apresentar novas ideias?

Vamos supor que você seja o vice-presidente de marketing. Com que frequência você se reúne com o diretor de relações públicas ou o de publicidade e discute maneiras de ajudar a ampliar o negócio? Esse é um item constante da agenda? Quantas vezes você se reúne com seus colegas no departamento de P&D ou finanças e conversa sobre crescimento?

Em uma escala de um a dez, como as ideias fluem na empresa? Essas ideias são boas? De onde elas vêm? O que as inibe? O que aumentará o fluxo delas?

Você, como líder, está tão interessado na quantidade — para gerar o maior número possível de ideias — quanto na qualidade dos novos conceitos sendo propostos? As pessoas tentam apresentar apenas grandes jogadas ou também propõem jogadas mais simples? Como a cultura organizacional incentiva ideias de todos os tipos? Essas ideias não têm de vir exclusivamente da P&D. Uma nova ideia pode envolver a entrada em um mercado diferente. Ou usar uma forma diferente de distribuição. O que importa é um fluxo constante de ideias, não de onde elas vêm.

Quanto a ideias externas — isto é, ideias para novos produtos ou serviços gerados fora da organização, a partir de fornecedores, clientes e parceiros de negócio —, a primeira pergunta que você precisa fazer é: as conexões entre as pessoas e os contatos externos, a equipe de vendas e o pessoal de desenvolvimento são fortes? Eles conversam entre si o tempo todo, ou há camadas que inibem o fluxo de ideias? A ideia de Jeff, "no cliente, para o cliente", em que você literalmente torna-se parte da cultura do seu cliente, é útil aqui.

Se você não estiver satisfeito com as ideias que são geradas, verifique se elas fluem em todas as direções: de cima para baixo, de baixo para cima, de ou lado para outro. É necessário garantir que elas também venham de fora (isto é, também por meio de interações com os clientes). E se não houver ideias suficientes surgindo, identifique a causa e lide com ela.

Outra forma de pensar sobre isso: quando a ideia emerge, pare por um ou dois minutos para moldá-la. Ajude a pessoa que a propôs a levá-la o mais longe possível. Verifique se a ideia está totalmente formada. Você quer que ela apareça sob a melhor luz possível ao ser submetida ao processo de seleção. Isso aumenta a motivação das pessoas.

Foi o que Bob Johnson, chefe da divisão aeroespacial da Honeywell, fez. "Como uma divisão, e como uma empresa em geral, éramos ótimos em cortar custos e fazer as coisas", explica Johnson. "Éramos uma cultura voltada à execução e produtividade. Mas, quando a economia começou a estagnar, sabíamos que teríamos que elaborar maneiras de crescer mais rápido do que a economia como um todo, se quiséssemos ficar à frente da concorrência".

O problema era que as pessoas que tradicionalmente tiveram sucesso na Honeywell Aerospace não pensavam em termos de crescimento, de correr riscos e de gerar novas ideias. "A empresa era técnica e analítica", explica Johnson. "O pessoal não era de assumir riscos. Precisávamos desenvolver a criatividade e o pensamento empresarial e assumir alguns riscos sérios".



Mudanças culturais como essa, obviamente, não acontecem da noite para o dia. Mas Johnson decidiu mudar a Aerospace Honeywell. A empresa começou a contratar e promover pessoas criativas, e ele deliberadamente criou um ambiente propício para que novas ideias fossem propostas, sem nenhuma penalidade no caso de elas não serem incorporadas.

Na Honeywell, como em outras empresas, quando as pessoas veem que novas ideias são levadas a sério — e não há consequências negativas associadas com o processo de propô-las, e de fato são recompensadas por fazer isso —, é mais provável que elas ofereçam mais ideias próprias.

## Seleção

Você não pode perseguir todas as ideias. Como cada gerente, em algum momento, solicitará que você aprove ou desaprove uma ideia, a habilidade de selecioná-las é algo que você precisa ter, seja você responsável ou não pela aprovação de projetos de grande porte. Qual é o procedimento social estabelecido para selecionar as ideias que devem receber financiamento? Há um mecanismo que funciona? Mais uma vez, em uma escala de um a dez, qual é o desempenho do processo de seleção de ideias?

Se for menos de 10, você precisará examinar as partes mais importantes do processo de seleção: quais critérios são necessários antes de aprovar uma ideia, quem são os selecionadores e como eles trabalham em conjunto. Vamos discutir primeiro a forma como todo o processo de seleção funciona.

Ele precisa ser transparente. Todos devem saber que haverá uma competição por recursos, e só a melhor ideia, ou as melhores, será ou serão contempladas. Isso significa, evidentemente, que o processo deve ser justo e ser percebido como tal. A política não pode interferir, e uma ideia não pode receber financiamento só porque é um projeto patrocinado pelo chefe. Qualquer coisa menos que isso, e as pessoas ficarão relutantes em propor novas ideias. Elas não verão por que participar de um processo manipulado. As pessoas na organização sabem como o processo de seleção funciona? Ele é transparente?

Depois que você está convencido de que as regras que regem o processo de seleção estão claras, analise quem seriam os selecionadores.

Deve haver um processo rigoroso de seleção para que alguém se torne uma das pessoas que elegerá as ideias que a empresa implementará. Se, depois de ouvir a exposição de uma ideia, a primeira pergunta dessa pessoa for "Qual é o provável retorno sobre o investimento?", ela não é a pessoa certa para o trabalho. Claro, você quer que a ideia seja lucrativa, mas antes de perguntar sobre potenciais retornos, você precisa responder a perguntas mais básicas: é uma boa ideia? Ela se encaixa no que estamos tentando fazer? Podemos desenvolvê-la? Existe outra maneira de posicioná-la para que ela capture um mercado ainda mais amplo? Essas são perguntas que precisam ser feitas e respondidas antes de começar a discutir o potencial de retorno sobre o investimento.

Sim, você quer que a ideia que está sendo proposta acabe gerando (muito) dinheiro. Mas não é obrigatório um ROI positivo já no primeiro dia. O crescimento que você procura não precisa ser imediatamente lucrativo. (Mas, obviamente, quanto mais tempo levar para transformar-se em lucro, melhor terá de ser o retorno para compensar as perdas iniciais.)

O foco no ROI é uma das principais razões pelas quais investimentos do tipo capital de risco nunca funcionam nas empresas. Invariavelmente, o diretor financeiro é a pessoa-chave que toma a decisão de financiamento interno de uma iniciativa, e o foco dele a partir do primeiro dia é — não surpreendentemente — resultado financeiro. (Essa é uma das razões pelas quais talvez você queira pensar duas vezes antes de planejar colocar o diretor financeiro no comando do processo de seleção de ideias empreendedoras.)

Há quatro requisitos para a pessoa que atuará como um dos selecionadores:

1| **Ela pode trabalhar com a pessoa que propõe a ideia e ajudar a moldar o conceito de mais de uma maneira (uma habilidade que chamo reenquadramento)?** Frequentemente as pessoas que propõem a ideia não veem de quantas maneiras diferentes ela pode ser ampliada ou remodelada. Os melhores selecionadores podem moldar uma ideia a partir de ângulos diferentes.

2| **Ela pode ver as possibilidades?** Ela entende como a ideia pode tornar-se importante? Ela pode visualizar como será o sucesso se a ideia funcionar? Ela entende as implicações do sucesso, em termos de vencer a concorrência, expandir-se para um novo mercado ou o quer que seja?

3| **Ela entende onde a ideia se encaixa na empresa?** Esse requisito tem duas partes. O selecionador deve conhecer claramente o mix de ofertas do portfólio corporativo, que percentagem das vendas e dos lucros vem de qual tipo de produto e o que a empresa quer fazer em relação a esse mix. (Por exemplo, um segmento tradicional da linha de produtos poderia estar se transformando em uma commodity, isto é, perdendo seu diferencial. Nesse caso, a empresa está procurando produtos mais exclusivos? Procura entrar em novos mercados? Em diferentes canais de distribuição?) A segunda parte trata do tempo necessário para colocar a nova ideia no mercado. Em um determinado momento, uma empresa quer uma combinação de desenvolvimento de produtos de curto prazo (menos de um ano), médio prazo (dois a cinco anos) e longo prazo que possa manter seu crescimento.

4| **Ela está disposta a apostar nas pessoas envolvidas?** Independentemente de quanto você desenvolva uma ideia nos estágios iniciais, haverá reviravoltas inesperadas até que ela resulte em um produto ou serviço que chegue ao mercado. Quando isso ocorre, as pessoas encarregadas do processo de implementação precisam ser capazes de lidar com a situação. Os selecionadores se sentem à vontade para analisar o potencial das pessoas que serão responsáveis pelo processo de desenvolvimento?

Há alguns fatores implícitos nesses critérios. Já discutimos o primeiro. O selecionador pode ter formação financeira, mas claramente seu foco deve estar na pergunta "O que é possível?", em oposição a "Quanto vamos ganhar e em quanto tempo?".

O segundo é não passar muito tempo olhando para trás. Os melhores selecionadores não se restringem ao que foi feito no passado. O foco deles não é determinar por que algo não pode ser feito, mas estabelecer se o que está sendo proposto é viável. Está em seu código genético detectar oportunidades e supor que elas serão bem-sucedidas, até que provem contrário. Eles identificam o que será necessário para transformar essa ideia em realidade. Eles não procuram razões que impossibilitariam isso.

Terceiro, ele precisa ter experiência — para que possa ver as diferentes possibilidades. As pessoas recém-contratadas pela empresa não terão a experiência necessária para detectar potenciais problemas e oportunidades.

Isso significa, naturalmente, que você precisa de diferentes tipos de pessoas, com diferentes habilidades, experiências e formações para cumprir cada passo no processo de concepção, seleção, cultivo e implementação.

Quarto, como discutimos antes, os selecionadores precisam ser capazes de equilibrar os diferentes horizontes de tempo. Eles devem ser capazes de enxergar ideias com potencial de sucesso que poderiam ser concluídas rapidamente, mas também precisam selecionar aquelas que seriam concretizadas no médio e longo prazo.

Por fim, eles têm de reconhecer as ideias com o potencial de ser uma jogada simples e aquelas que podem ser grandes jogadas. Ambas são importantes, e cada tipo de ideia deve ser selecionado e cultivado. Na Honeywell, a alta administração teve esse papel. "Uma das coisas que fazíamos era nos reunir periodicamente com as 250 melhores pessoas na divisão, colocá-las em uma sala e trabalhar duro para fazê-las produzir novas ideias", diz Bob Johnson. "Na primeira reunião, houve 465 novas ideias. Quando nós as analisamos, combinando as ideias repetidas e agrupando as parecidas, descobrimos que havia cerca de 100 coisas que valiam a pena explorar".

Para descobrir quais eram as ideias que valia a pena perseguir, a Honeywell Aerospace submeteu cada uma delas a um teste de três etapas. "A primeira coisa que queríamos entender era se a ideia se encaixava na estratégia da empresa", diz Johnson. "Poderíamos produzir uma excelente máquina de sorvete, mas ela não se encaixaria com aquilo que fazemos aqui".

"Segundo, nós as submetíamos a um teste de 'encaixe' tecnológico. Queríamos saber se a ideia correspondia a algo em que éramos bons, dado o que fazemos tradicionalmente".

"A última etapa era um teste financeiro. Esse teste era uma tentativa de nivelar o campo de jogo. Se duas ideias fossem iguais, em termos dos dois primeiros testes, a questão era determinar qual tinha o potencial de nos dar o retorno mais alto".

Após submeter as 100 ideias aos três testes, a Honeywell Aerospace reduziu a lista a seis, que receberam um total de US$ 15 milhões em investimentos para desenvolvimento. De onde veio esse dinheiro? Johnson tinha criado um orçamento para crescimento, financiado em grande parte pela eliminação das ideias menos lucrativas da divisão.

## Cultivo

Depois que a ideia é selecionada, ela precisa ser cultivada de modo que se desenvolva, cresça e, por fim, prospere. Isso requer um conjunto único de habilidades; exige uma combinação de criatividade, praticidade e habilidades sociais. Os encarregados do cultivo da ideia precisam ter paciência — as coisas raramente andam na velocidade que queremos — e a capacidade de fazer um investimento emocional nas pessoas, apoiando a elas e suas ideias. Quando as pessoas ou uma equipe navegam por águas desconhecidas, sempre há preocupações: o financiamento será cortado? Será que vão nos tirar do projeto? Serei demitido? O que acontecerá se as coisas não derem certo?

As coisas nem sempre dão certo, e isso é especialmente verdadeiro quando você está envolvido em novos empreendimentos. Pessoas na equipe talvez precisem de suporte emocional. Essa é uma tarefa primordial do líder encarregado de cultivar uma nova ideia. Ele não precisa vencer todos os argumentos. Ele não tem de inventar cada ideia. Ele não fecha o diálogo com comentários como: "Que ideia estúpida". Ele deve ser protetor.

Há também uma exigência comercial básica. A pessoa encarregada dessa etapa do processo deve reformular constantemente a ideia a partir de ângulos diferentes para garantir que a organização obtenha o máximo dela.

Aqui, ter a capacidade de funcionar como um "catálogo de endereços humano" pode ser útil. Os melhores cultivadores de ideias são excelentes em saber quem pode ajudar a desenvolvê-la ainda mais. Eles verificam constantemente sua lista mental de endereços para encontrar as pessoas certas — tanto dentro como fora da empresa — que poderiam ajudar a moldar e fazer a ideia prosperar. A diversidade também conta. Assim como diferentes perspectivas, habilidades e mentalidades.

Como é o processo de cultivo dentro da empresa? Quantos cultivadores a empresa tem? Quando foi a última vez que eles foram reconhecidos? Se você tivesse de classificar a capacidade de cultivo da sua empresa em uma escala de um a dez, com dez sendo a pontuação máxima, qual seria o desempenho dela?

Se a capacidade de cultivo recebeu um três, fazer que ela alcance sete melhoraria o fluxo de ideias? Sim. O fato de uma empresa ser reputada por cultivar ideias convida outras pessoas a se unir a ela e incentiva os funcionários atuais a pensar de maneira mais criativa. Quanto mais ideias fluem, melhores as chances de que uma delas vá funcionar. É outra maneira de construir um mecanismo de crescimento.

Há uma série de perguntas que você pode fazer para ver como o cultivo de ideias funciona na empresa:

» Qual é a composição da equipe que promove as ideias? Como vimos, essas pessoas precisam ter uma mentalidade diferente daquelas que só pensam em cortes de custos.
» Qual é o grau de diversidade dessa equipe? Diferentes pontos de vista são especialmente bem-vindos aqui, uma vez você tenta capturar todas as diferentes maneiras como a ideia pode ser empregada ou enquadrada.
» Quais são as habilidades sociais daqueles responsáveis por cultivar ideias? Eles sabem como ser solidários?
» Que novas habilidades são necessárias para cultivar ideais entre os gerentes seniores que decidirão sobre quais projetos serão implementados e quais serão eliminados?
» Que mudanças no gerenciamento são necessárias para tornar mais eficaz o cultivo de ideias? Seu gerente de negócios é um cultivador? Com que frequência você o observa modelando as ideias que estão sendo propostas? Fazendo *brainstorming* com as pessoas? Sendo solidário?
» Você reconhece que a personalidade e as habilidades das pessoas que cultivam ideias diferem daquelas de quem as concebem e as desenvolvem? Há um comprometimento em alocar diferentes pessoas para cada um desses papéis? (Mais sobre isso em um minuto.)

Todas essas perguntas são facilmente respondidas. Se você não estiver vendo as coisas necessárias acontecendo na empresa, precisa perguntar por quê.

Ironicamente, para ser um cultivador de ideias você precisa ser obstinado. Você precisa de uma obstinação de espírito. Uma obstinação de imaginação. Uma obstinação que permite examinar uma ideia a partir de diferentes ângulos. Uma obstinação para entender onde estão os obstáculos, e determinação para superá-los. Toda essa obstinação se reduz a ser perseverante e decisivo.

Na Honeywell, Bob Johnson desempenhou um papel ativo como cultivador de ideias. Ele diz que achou que isso era uma mudança bem-vinda. "Até então, na maioria das vezes, meu tempo era gasto organizando a bagunça resultante da aprovação de ideias que não deveríamos aprovar. É extremamente agradável ajudar a desenvolver algo novo".

A ideia mais promissora que Johnson ajudou a desenvolver durante o primeiro estágio do processo de concepção, seleção, cultivo e implementação é uma nova tecnologia que torna a manutenção de aviões muito mais fácil e menos cara (detalhes mais adiante neste capítulo).



## As pessoas certas nos lugares certos

Sim, o quarto passo no processo — depois de apresentar ideias, selecionar as melhores e então cultivá-las — é a implementação. Mas como as habilidades requeridas são muito diferentes entre o cultivo e a implementação, vamos fazer uma pausa de um minuto aqui antes de chegar à etapa final.

A coisa mais importante a observar é que é inútil achar que a pessoa que apresentou a ideia e a desenvolveu até esse ponto será a pessoa certa para executá-la depois que ela foi transformada em um produto ou serviço real. Sim, em alguns raros casos, o proponente da ideia poderia ser capaz de colocá-la em prática. Mas, como os conjuntos de habilidades são tão diferentes, não é realista esperar que esse seja o caso. Os gerentes precisam entrar no processo esperando que alguém, além da pessoa que apresentou a ideia, consiga colocá-la em prática.

Sim, claro, a pessoa que apresenta a ideia talvez queira executá-la. E, se essa pessoa for apaixonada pela ideia, considere investir recursos conforme ela começar a decolar por conta própria, garantindo que a empresa tenha uma (significativa?) participação acionária. Mas dentro da empresa, o conjunto de habilidades para executar uma ideia é completamente diferente do necessário para criá-la.

Não deixe de recompensar os inovadores. Celebre-os. Mas não espere que eles executem o que criaram. Isso exigirá um conjunto diferente de genes, muito provavelmente.

Mas descubra uma forma de recompensar as pessoas que geram ideias. Quanto mais você celebrar essas pessoas, mais ideias serão geradas e disseminadas por toda a organização.

A Honeywell Aerospace faz isso. Mas a empresa também faz outra coisa. "Antes, nós apresentaríamos uma ideia, esboçada da maneira como queríamos utilizá-la, e então começávamos a agir", diz Johnson. "Agora, fazemos uma série nova de perguntas logo no início: o que poderia dar certo? O que poderia dar errado? Temos as pessoas certas envolvidas? Como protegeremos nossa posição depois que a ideia estiver no mercado? Todas essas são perguntas que nunca fizemos antes".



## Implementação

Já falamos como é raro que a pessoa responsável por implementar a ideia do produto/serviço seja aquela que a criou. Mas quando, você pode estar se perguntando, o gerente que será responsável pela implementação e lucratividade do produto se envolve no processo de concepção, seleção, cultivo e implementação?

A resposta: logo após a seleção. Como observado no capítulo sobre o orçamento para o crescimento, todo gerente com uma responsabilidade financeira precisa rever, trimestre por trimestre, as fontes e quantidade de aumento da receita, o suporte financeiro e as pessoas necessárias para tornar a implementação bem-sucedida. O orçamento para o crescimento é um processo de compromisso, que age como uma alavanca para incentivar a rápida conversão da inovação em realidade.

Sem um comprometimento sério do gerente da implementação, por meio do orçamento para o crescimento, transformar a inovação em realidade é como empurrar um carrinho carregado ladeira acima.

Por outro lado, quando o gerente de implementação está totalmente envolvido — destinando recursos financeiros e definindo as responsabilidades pelo aumento da receita — é como puxar uma corda. As coisas são muito mais fáceis.

Mesmo quando a gerência está envolvida, há três potenciais problemas que você precisa antecipar no processo de implementação:

1| A implementação pode acontecer em um momento em que não há recursos financeiros disponíveis.

2| O mercado talvez não esteja pronto para a nova ideia ou serviço que você está prestes a lançar.

3| Talvez não haja funcionários-chave disponíveis para ajudar na implementação.

Como esses problemas podem ser antecipados, você pode eliminá-los antes de eles virem à tona, por meio do envolvimento do gerente responsável pelos resultados financeiros.

Há duas razões para isso. Há uma tendência natural na última parte do ano fiscal de uma empresa, quando há o vislumbre de que uma divisão ou empresa não atingirá a lucratividade esperada para o trimestre ou ano, de começar a procurar locais para fazer cortes. Projetos futuros de crescimento costumam ser os primeiros a sofrer cortes. Por outro lado, se tais cortes forem aprovados pelo gerente financeiro, pode-se eliminar essa reação instintiva. Segundo, mesmo quando grandes cortes são necessários, isso não quer dizer que tudo tem de ser cortado de forma igual. Se o objetivo geral for reduzir os custos em 8%, isso não significa que todos os projetos e iniciativas precisam ser cortados segundo esse mesmo percentual. Mais uma vez, essa é a razão pela qual o gerente responsável pelos resultados financeiros precisa se envolver. Talvez ele entenda que poderia ser uma ideia melhor manter intacto o financiamento de algumas iniciativas de crescimento, e cortar outros programas em muito mais do que 8%, para atender à determinação geral da empresa.

Isso cuida do primeiro problema. Quanto ao problema de que o mercado talvez não esteja pronto para a nova ideia ou serviço, é preciso avaliar o risco de investir mais para acelerar a criação do mercado por meio de publicidade e formação de potenciais compradores.

O terceiro problema — talvez não haja funcionários-chave disponíveis quando chegar a hora da implementação — é frequentemente negligenciado. Para evitar isso, deve-se reservar tempo na agenda desses funcionários, antecipadamente. Caso contrário, a pressão dos negócios atuais poderia sobrecarregar a capacidade deles de trabalhar em novos projetos de crescimento.

Uma última coisa sobre isso: depois que você decidiu implementar uma ideia, crie um fluxograma detalhado explicando o que será feito, por quem e quando. Então, cobre a responsabilidade das pessoas envolvidas. Essa é a maneira mais fácil de evitar atrasos na agenda.

Na Honeywell Aerospace, a melhor ideia que emergiu do processo de concepção está em andamento. Trata-se de uma nova tecnologia que permite a qualquer pessoa responsável pela manutenção de um avião inspecioná-lo eletronicamente para detectar problemas de fiação defeituosa e rachaduras nas partes metálicas. Para entender a ideia, imagine uma máquina de raios X para aviões.

"Hoje, você tem de desmontar o avião para fazer essa inspeção", diz Johnson. "Essa inspeção pode facilmente custar a uma companhia aérea US$ 100 mil cada vez que é feita. Nossa tecnologia permite fazer isso por bem menos, e executar o trabalho muito mais rápido".

## Eliminação antecipada de falhas

E quanto à ideias que não foram consideradas boas o suficiente?

O aspecto importante a observar aqui é que, se a ideia merece ser eliminada — porque não é viável, não se encaixa no que a empresa está tentando fazer, não justifica os investimentos necessários, foi derrotada por outra ideia que pareceu mais promissora ou o que quer que seja —, então ela *deve* ser eliminada.

O efeito de *não* eliminar ideias é muito mais amplo do que as pessoas imaginam. O mecanismo social da organização sabe quem tem o poder. Ele sabe quem está absorvendo recursos que poderiam ser mais bem investidos em outros lugares. Há poucas coisas piores do que um projeto que recebe suporte permanente porque é o preferido de alguém que construiu uma coalizão política.

Continuar a financiar ideias que não merecem financiamento prejudica tudo, da geração de ideias à implementação. As pessoas se perguntam "Qual é o sentido disso?" se as ideias têm base em outra coisa que não no mérito — e, é claro, no processo de seleção. É por isso que todo o processo de concepção, seleção, cultivo e implementação deve ser objetivo.

Mas eliminar ideias faz mais do que mostrar às pessoas que o processo de seleção é aberto, honesto e transparente. Isso pode realmente ajudar a organização a alcançar um crescimento lucrativo com mais facilidade. Há três razões para isso.

1| **Liberar recursos.** O dinheiro destinado a projetos condenados agora está disponível para projetos promissores. E as pessoas que estavam trabalhando em projetos eliminados ficam livres para trabalhar em ideias mais produtivas.

2| **Incentivar uma mentalidade mais aberta.** Muitas vezes, ao considerar duas alternativas, a empresa faz as pessoas trabalharem em ambas até surgir um vencedor claro. Nessas situações, é da natureza humana que as pessoas envolvidas com o projeto A menosprezem o projeto B, mesmo que secretamente achem que B seja o melhor caminho a seguir. Só depois que a empresa decide que o projeto A não é a resposta, todos podem analisar objetivamente o projeto B.

3| **Melhorar a capacidade de julgamento.** Obviamente, erros serão cometidos nos dois lados. Alguns projetos que deveriam ser eliminados serão implementados e vice-versa. Mas, por meio de uma avaliação consistente, você melhora o julgamento e toma as decisões certas.

Qual é seu processo para eliminar ideias inadequadas, e liberar recursos que podem ser usados em outros projetos? Bob Johnson, da Honeywell, é implacável nesse aspecto.

Além de descartar novas ideias que não são adequadas, ele avalia constantemente os projetos em andamento — usando os mesmos três testes discutidos anteriormente (isso se encaixa no que fazemos; somos bons em fazer isso; podemos ganhar dinheiro com isso). Os projetos mais fracos que estão em andamento são eliminados, liberando não apenas dinheiro, mas recursos e pessoas para trabalhar em ideias mais promissoras.

## Quatro mitos sobre inovação

Se criar e seguir um processo rigoroso de concepção, seleção, cultivo e implementação, você eliminará as quatro desculpas mais comuns que as pessoas dão para tentar justificar o não crescimento da empresa.

1| **Minha empresa é madura. Meu portfólio está desgastado. Não há o que inovar.** Se seguir o modelo, você chegará a um fluxo contínuo de novas ideias e extensões de produtos/serviços.

2| **Não temos ideias suficientes.** Se essa é a situação na sua empresa, existem duas fontes potenciais de problema. A primeira é que o ambiente interno não é propício para que as pessoas contribuam com novas ideias. Elas pensam que isso é inútil — ou pior, acham que sofrerão se propuserem algo novo que não seja adotado pela empresa. A outra possibilidade? As pessoas procuram apenas as grandes jogadas.

3| **Para quê? Eles simplesmente cortarão meu orçamento, se eu apresentar novos produtos e serviços, dado meu nível atual de suporte financeiro.** Gerentes seniores que fazem cortes no orçamento das pessoas que inovam de uma maneira bem-sucedida não continuarão nessa posição por muito tempo.

4| **As pessoas que apresentam a ideia devem ser aquelas que irão implementá-la.** Embora seja verdade que elas tenham interesse pessoal e genuíno em ver a ideia se transformar em realidade, raramente elas têm as habilidades necessárias para tanto.

conclusão

# Por que o crescimento é importante para todos: como saber se você está em uma empresa em crescimento

**Bill Carter,** gerente da loja Furniture Globe, cujo caso discutimos no Capítulo 1, teve uma dor de cabeça quando saiu do trabalho em um sábado. Ainda assim, ele dirigiu até o outro lado da cidade para participar da sua vigésima reunião da turma do colegial. Mas, apesar da intensa dor de cabeça que sentia, imaginou que poderia sobreviver. Como cerca de metade das pessoas com quem ele frequentou o colégio permaneceu na cidade ou perto dela, ele veria muitos antigos rostos conhecidos e, assim, não haveria nenhuma pressão. Além disso, estava muito ansioso em descobrir que fim levou sua velha amiga Susan.

Anos atrás, os dois começaram juntos na Furniture Globe e, enquanto Bill sempre quis ter sua própria loja, Susan sempre sonhou em ser gerente de compras de alguma empresa. Depois de alguns anos na Furniture Globe, ela começou a trabalhar na Kmart, tornando-se, com o tempo, a gerente de compras do setor de vestuário. Ela tinha saído do emprego cerca de dois anos antes — os cortes de custos e fechamento de lojas tiveram impacto sobre ela. A última coisa de que Carter ouviu falar foi que ela havia ignorado duas ofertas de emprego menos lucrativas para se tornar uma das responsáveis pelas compras de roupas masculinas para uma das cadeias de lojas que estava indo bem.

Por que uma pessoa tão ambiciosa aceitaria a responsabilidade e um corte no salário intrigou Carter. Ele obteve a resposta quando a encontrou no bar.

"É simples Bill", Susan começou. "Tive de encarar o fato de que o varejo estava estagnado, com exceção do Wal-Mart, Target e onde estou agora. O que gosto especialmente na nova empresa é que ela descobriu como se posicionar não apenas em relação ao Wal-Mart, mas também em relação à Penney, à Sears e a todas as outras. O Kmart era uma bagunça, e não iria a lugar nenhum. E não achava que a Furniture Globe era muito melhor. Eu realmente queria fazer parte de uma empresa em crescimento — é por isso que estava disposta a dar um passo atrás e juntar-me a esses caras. Imaginei que, se a empresa continuasse a crescer, voltaria ao meu antigo salário rapidamente. Demorou cerca de 18 meses, e não apenas retomei meu antigo nível salarial, como também recebi uma promoção ainda melhor. Estou subindo mais rápido e fazendo isso como parte de uma empresa muito melhor. Você não acreditaria no investimento que fizeram em mim. Meu chefe me disse que estou sendo preparada para um dos principais cargos de compras na empresa. Mal posso acreditar no quanto eu aprendi.

"Não me canso de admirar a empresa. O orçamento de publicidade é cada vez maior, eles delegam cada vez mais autoridade a seus funcionários, e a gerência realmente ouve — e age — quando você apresenta uma boa ideia."

À medida que Carter ouvia, ele não conseguia deixar de comparar o que acontecia na nova empresa de Susan com o que vivenciava na Furniture Globe. Ela falava de uma empresa que era vibrante, estimulante e que estava em franco crescimento. Ele vivia no meio de cortes orçamentários intermináveis, perda da autoridade, maior rotatividade, fim da publicidade local e dos treinamentos, vendas em queda e uma sensação geral de que a empresa estava em declínio. A certa altura, ele simplesmente parou de ouvir Susan e começou a pensar: "Que diabos ainda estou fazendo nessa empresa?".

Ele voltou à realidade, quando Susan fez uma pausa para dar um gole no refrigerante, e disse: "Desculpe-me, eu estou falando muito. Como estão as coisas com você?".

Carter achou que seria desleal se ele realmente descrevesse o que estava acontecendo. Preferiu mudar de assunto.

A situação de Bill Carter e Susan ilustra as consequências pessoais e profissionais de fazer parte de uma empresa que está crescendo — ou de uma que não está.

Com o crescimento, a empresa se expande e as pessoas podem construir uma carreira e um futuro. O crescimento permite que uma empresa tenha as melhores pessoas e as mantenha. As pessoas que veem oportunidades de crescimento pessoal têm mais energia, um moral mais alto e maior autoconfiança. Empresas em crescimento se expandem para novos mercados e segmentos de mercado, novas regiões e até mesmo novos países. Além de tudo isso criar oportunidades maravilhosas para pessoas talentosas, o crescimento explora toda a energia psicológica latente que está retida nos funcionários, e a liberação de toda essa energia anteriormente contida alimenta a empresa para que ela alcance um crescimento ainda maior.

O contraste com uma empresa que não cresce é gritante. Primeiro, há pouco espaço para avanços. Susan poderia dar um passo atrás para participar de uma empresa em crescimento, convencida — justificadamente, como se revelou — que ela acabaria subindo ainda mais, e mais rapidamente, a escada corporativa em uma empresa em que a lucratividade estava aumentando, não diminuindo. Bill Carter não tem essa opção. Susan está entusiasmada para ir trabalhar. Por outro lado, como Bill está aprendendo, é frustrante ser contratado por uma empresa que parece estar indo ladeira abaixo. Não há emoção ao caminhar pelos corredores. Não há nenhuma energia emocional. O dia de trabalho inteiro se passa como se você estivesse se movendo debaixo da água.

Quando não há crescimento, uma psicologia negativa permeia a organização. As melhores pessoas passam uma parte significativa do tempo procurando um novo emprego, e elas saem depois que encontram um. Aquelas que permanecem fazem piadas macabras sobre como será a próxima rodada de corte de custos na empresa e dedicam uma grande parte dos dias a uma luta interna para assegurar que não estarão no próximo corte de custos, que inevitavelmente acontecerá.

Se não estiver em uma situação de crescimento, você está em uma situação limitante.

Eis algumas perguntas que podem ajudá-lo a diagnosticar se você é ou não parte de uma empresa em crescimento. Você está pronto para começar agora mesmo?

1| Qual é a percentagem de tempo e energia emocional que a equipe de gerenciamento dedica rotineiramente ao aumento da receita?

2| Há apenas exortações e discussão sobre o crescimento, ou há realmente uma série de reuniões e sessões de *brainstorming* sobre como o crescimento acontecerá? Como é o acompanhamento?

3| Os gerentes falam de crescimento apenas em termos de grandes projetos? Eles compreendem a importância de projetos mais simples para o crescimento orgânico sustentável a longo prazo?

4| Quanto tempo cada membro da equipe de gerência dedica a fazer visitas realmente produtivas aos clientes? Eles fazem mais do que ouvir e investigar informações e então tentam "ligar os pontos"?

5| A equipe de gerência entra em contato com o usuário final do seu produto?

6| As pessoas na empresa têm uma ideia clara de quais serão as futuras fontes específicas de aumento de receita? Elas conhecem quem presta contas?

7| Você caracterizaria a cultura da sua empresa ou unidade de negócio como voltada para o corte de custos ou como voltada para o crescimento? Se a resposta for uma ou outra, você precisará começar a fazer as duas coisas. As pessoas nos cargos de liderança têm a habilidade, orientação e determinação para aumentar as receitas?

8| A empresa pratica a produtividade da receita, isto é, ela analisa se há maneiras de utilizar mais eficazmente os recursos atuais para gerar maiores receitas?

9| Com que eficiência e frequência a equipe de vendas — e outras na empresa — extrai inteligência dos clientes e de outros atores no mercado? Como essas informações são comunicadas por outras partes da empresa, por exemplo o desenvolvimento de produtos, e que providências são tomadas em face dessas informações?

10| Como são as habilidades de marketing *upstream* — ou seja, a capacidade de segmentar mercados e identificar características do consumidor — na sua empresa?

11| O diretor de marketing da empresa é um especialista em marketing *upstream*?

12| Com que eficiência ocorrem os relacionamentos e os fluxos de informação entre o marketing *upstream* e o desenvolvimento de produtos? E entre marketing *upstream* e P&D?

13| Você tem um orçamento explícito para o crescimento no documento tradicional de orçamento da empresa? O orçamento para o crescimento está bem articulado com o aumento da receita para além do ano fiscal atual? O orçamento para o crescimento prevê alocação de recursos para o aumento de receita a médio e longo prazo?

14| As pessoas têm as habilidades necessárias para criar propostas de valor para cada segmento importante de clientes da sua empresa? Qual é a eficácia da empresa no uso de vendas cruzadas para acelerar o aumento da receita?

15| Com que frequência e eficácia as informações são compartilhadas simultaneamente entre as pessoas que tomam decisões sobre a alocação de recursos?

16| Como é o fluxo de ideias na sua empresa?

17| Como é o processo de seleção de ideias que serão financiadas como projetos de crescimento?

18| Como as etapas do processo de promoção de ideias são definidas para fazer que projetos de aumento da receita estejam prontos para a implementação? Qual é a eficácia do processo?

Bill Carter analisava essas perguntas quando voltava para a casa depois do encontro com a turma do colégio. E as respostas simplesmente confirmaram o que ele sentia: a Furniture Globe não estava em crescimento, mas em declínio.

Contudo, embora a conclusão não fosse nova, dessa vez a reação de Carter foi diferente. Carter tinha experimentado o crescimento antes. Como um líder forte, ele costumava transformar adversidades em oportunidades. Em vez de lamentar o destino da sua empresa, inspirou-se nas suas reservas psicológicas internas. De repente, percebeu que tudo o que discutimos aqui está certo. O crescimento lucrativo pode ser de interesse de todos, e seu também.

Ao entrar na cozinha, ele já começava a compilar uma lista de coisas simples que ele poderia fazer já no dia seguinte e que levariam a jogadas simples, mas que proporcionariam um aumento consistente nas vendas. Carter estava determinado a liderar e decidiu que toda a sua atitude e presença dariam uma guinada de 180 graus em relação àquilo que tinham sido as últimas semanas.

# índice remissivo

**D**



**E**



**F**



**G**

## V

# Conheça também outros títulos

### hsm collection - Vendas

*de Tom Bird e Jeremy Cassel*

O best-seller de vendas do Reino Unido.
Tanto faz se você é novo no ramo ou se está prestes a subir o próximo degrau: o livro *Vendas* lhe mostrará como melhorar o desempenho de forma imediata e obter resultados excepcionais.
Além de ter acesso às habilidades-chave necessárias a uma boa negociação, você aprenderá sobre desafios tão diversos quanto a linguagem corporal correta, a realização de reuniões eficazes e o engajamento de times remotos de vendas.
Mais do que isso, você saberá como aproveitar sua personalidade para aperfeiçoar técnicas e entender melhor as necessidades do cliente. Você estará sempre um passo à frente do mercado.

### hsm collection - Estratégia

*de Max Mckeown*

Usando a ciência da estratégia, o livro *Estratégia - do planejamento à execução* vai ajudá-lo a enfrentar os importantes desafios tanto no desenvolvimento das estratégias quanto na dificuldade de colocá-las em ação.
Com o objetivo de mostrar estratégias poderosas para obter sucesso em um mundo competitivo, o livro responde às seguintes perguntas:

- O que sabemos sobre estratégia?
- O que a estratégia pode fazer por você?
- Como usar ferramentas de estratégia de maneira eficiente?
- Como mobilizar pessoas com estratégia?
- Como evitar armadilhas, problemas e fracassos?

### Confiança Criativa

*de David Kelley e Tom Kelley*

A inovação e a criatividade são reconhecidas como os principais elementos por trás do sucesso nos negócios e, atualmente, são tidas como características fundamentais em líderes. Neste livro, os autores nos mostram que a criatividade é uma abordagem proativa na busca por soluções. Nem todos somos artistas, mas podemos ser advogados, médicos, gerentes ou vendedores mais criativos.
Inspirados em casos da IDEO e da d.school em Stanford, os irmãos Kelley revelam estratégias específicas para libertar a inventividade de cada um, pois, segundo eles, a criatividade e a capacidade de inovação são como os músculos: quanto mais você usa, mais fortes ficam.
Confiança criativa nos dá a coragem de fazer a diferença e nos inspira a combinar ideias arrojadas com ações efetivas, que contribuem tanto para a empresa e a carreira quanto para a vida.

hsm

## Levando as Pessoas com Você

*de David Novak*

David Novak aprendeu que não é possível liderar uma organização bem-sucedida, de qualquer tamanho, sem fazer que as pessoas estejam alinhadas, entusiasmadas e focadas incansavelmente em um grande objetivo.
Este livro traz lições objetivas sobre o tipo de liderança que pode levar uma organização para adiante e que deve ser abraçada por todos que queiram progredir nos negócios e na vida, estejam no início de suas carreiras ou tenham já galgado alguns degraus na hierarquia organizacional.
Apresenta ferramentas que vão desafiá-lo a refletir sobre como realmente está se saindo em aspectos-chave da liderança.

## Capitalismo Consciente

*de John Mackey e Raj Sisodia*

O que empresas como Google, Southwest Airlines, Whole Foods Market, Patagonia e UPS tem em comum? Todas elas incorporam em sua gestão alguns aspectos construtivos e promissores do capitalismo, atuando de maneira a criar valor não só para si mesmas, mas também para seus clientes, funcionários, fornecedores, investidores, a comunidade e o meio ambiente.
Criadores do movimento do Capitalismo Consciente, os autores explicam como algumas empresas aplicam os princípios deste movimento inovador na construção de estruturas sólidas e lucrativas.
O livro oferece uma defesa ardorosa e uma redefinição consistente do capitalismo de livre-iniciativa, em uma análise valiosa tanto para os profissionais como para as empresas que apostam em um futuro mais cooperativo e mais humano.

## O Executivo e o Martelo

*de Clóvis de Barros Filho e Arthur Meucci*

Logo na apresentação os autores anunciam que pretendem "oferecer uma reflexão filosófica, sociológica e psicanalítica de fácil compreensão sobre os principais temas polêmicos do dia a dia das grandes corporações." De fato, suas colocações são facilmente compreensíveis por qualquer leitor interessado no tema: a ética empresarial. Mas são muito mais do que isso. Os autores se inspiram, entre muitas outras fontes, no pensamento do filósofo Friedrich Nietzsche, que recomenda golpear duramente, se necessário com um imaginário martelo, os preconceitos e a hipocrisia dissimulados em verdades estabelecidas – ou aquilo que Francis Bacon chama de "ídolos". A leitura desta obra é um saudável e provocador convite a que o executivo adestrado apenas para bater metas descubra que tem capacidade para muito mais: basta confiar no uso de sua própria razão e no bom senso.

## Empresas feitas para vencer

*de Jim Collins*

Considerado, pela *Time Magazine*, um dos livros de negócios mais importantes de todos os tempos, esta obra seminal de Jim Collins responde a seguinte pergunta: Como empresas boas, medianas e até ruins podem atingir uma qualidade duradoura?
*Empresas feitas para vencer* mostra como as grandes empresas triunfam no decorrer do tempo e como o desempenho sustentável a longo prazo pode ser inserido no DNA de uma organização desde sua concepção.
Collins apresenta exemplos que desafiam a lógica e transformam a mediocridade em superioridade duradoura. O autor apresenta também quais são as características universais que levam uma empresa a se tornar excelente e outras, não.
Os resultados do estudo irão surpreender muitos leitores e lançar novas abordagens sobre quase todas as áreas da gestão.

## O Futuro

*de Al Gore*

Al Gore, ex-vice-presidente dos Estados Unidos, nos apresenta mais uma "verdade inconveniente".
Mantendo a mesma paixão com que abordou o desafio das mudanças climáticas, e amparado em décadas de experiência à frente das políticas globais, o autor analisa o horizonte nublado de nosso planeta e, apresentando uma avaliação sóbria e fundamentada.
Desde o início de sua vida pública, Al Gore tem alertado para os perigos e as promessas das verdades emergentes, por mais "inconvenientes" que sejam esses avisos. Ao mesmo tempo envolvente e visionário, *O Futuro* oferece um mapa do mundo que parece se aproximar, elaborado por um homem que vem se destacando por pensar à frente – e que já comprovou estar certo.

## Negocie para Vencer

*de William Ury*

Todos queremos chegar ao sim, mas e se a outra pessoa insiste em dizer não? Como negociar e ter sucesso com um chefe teimoso, com um cliente furioso ou com um colega de trabalho desleal? Em *Negocie para Vencer*, William Ury, do Program on Negotiation, da Faculdade de Direito de Harvard, apresenta uma estratégia comprovada para transformar oponentes em parceiros de negociação.